中国人民银行
金融服务报告2019年第1期

中国农村金融服务报告
China Rural Finance Service Report
2018

中国人民银行农村金融服务研究小组

中国金融出版社

责任编辑：李　融　李林子
责任校对：孙　蕊
责任印制：程　颖

图书在版编目（CIP）数据

中国农村金融服务报告 2018/中国人民银行农村金融服务研究小组编. —北京：中国金融出版社，2019.8
（中国人民银行金融服务报告）
ISBN 978-7-5220-0200-2

Ⅰ. ①中…　Ⅱ. ①中…　Ⅲ. ①农村金融—商业服务—研究报告—中国—2018
Ⅳ. ①F832.35

中国版本图书馆CIP数据核字（2019）第150220号

中国农村金融服务报告 2018
Zhongguo Nongcun Jinrong Fuwu Baogao 2018

出版
发行　中国金融出版社
社址　北京市丰台区益泽路2号
市场开发部　（010）63266347，63805472，63439533（传真）
网 上 书 店　http：//www.chinafph.com
（010）63286832，63365686（传真）
读者服务部　（010）66070833，62568380
邮编　100071
经销　新华书店
印刷　北京市松源印刷有限公司
尺寸　210毫米×285毫米
印张　7.25
字数　111千
版次　2019年8月第1版
印次　2019年8月第1次印刷
定价　70.00元
ISBN 978-7-5220-0200-2

《中国农村金融服务报告2018》

编 写 组

主　　编： 王　信　徐　忠

编写组成员： 雷　曜　祝红梅　王去非　陈一稀　黄余送　王亮亮　周永锋　孙树彪

提供材料： 中国人民银行货币政策司、金融市场司、金融稳定局、调查统计司、支付结算司、货币金银局、征信管理局、金融消费权益保护局、征信中心，财政部，农业农村部，中国银保监会，中国证监会，国家开发银行，中国农业发展银行，中国农业银行，中国邮政储蓄银行，中国银行间市场交易商协会，中国互联网金融协会，上海票据交易所

前 言

党中央、国务院高度重视发挥农村金融在服务“三农”中的核心作用。2003年以来，中央坚定不移地推进农村信用社深化改革等一系列重要改革，出台多项扶持政策，加快农村金融创新发展。农村金融服务体系日益健全，农村金融服务能力显著增强，农村金融生态环境持续改善，为促进农业生产、农村经济发展和农民增收发挥了重要作用。自2007年创立涉农贷款统计以来，全部金融机构涉农贷款余额累计增长534.4%，11年间平均年增速为16.5%。涉农贷款余额从2007年末的6.1万亿元增加至2018年末的32.7万亿元，占各项贷款的比重从22%提高至24%。债券、股票等直接融资也有较快发展，农产品期货市场从无到有，功能逐渐显现。2007年至2018年，我国农业保险保费收入从51.8亿元增长到572.7亿元，参保农户从4 981万户次增长到1.95亿户次，分别增长了10.1倍和2.9倍。

近年来，人民银行和有关部门全面贯彻落实乡村振兴战略部署，不断深化改革，完善扶持政策体系，积极引导金融机构创新产品和服务方式，扎实推进农村金融基础设施建设，农村金融服务的覆盖面、可得性和便利性不断改善。回顾其中的改革措施和创新实践，相关部门主要做了以下工作。

在扶持政策方面，强化政策合力。继续灵活运用差别化准备金率、再贷款、再贴现、抵押补充贷款等货币政策工具，结合宏观审慎评估参数的动态调整，引导金融机构加大对“三农”、小微企业的金融支持力度。截至2018年末，全国支农、支小再贷款余额分别为2 870亿元、2 172亿元，向国家开发银行、农业发展银行、进出口银行提供抵押补充贷款33 795亿元。综合运用税收优惠、贴息、奖补、保费补贴等手段激励金融机构加大支农力度。将普惠金融服务情况纳入监管评价体系，明确资本管理、不良贷款容忍度等差异化监管要求。

在农村金融改革方面，涉农银行业机构不断回归本源，将服务实体经济作为出发点和落脚点。农业银行“三农”金融事业部运行机制不断完善，邮储银行36

家一级分行“三农”金融业务管理架构搭建完毕。5家大型银行和10家股份制银行设立了普惠金融事业部或其他专司普惠金融业务的部门或中心，构建条线化管理体制和专业化经营机制。开展投资管理型村镇银行和“多县一行”制村镇银行试点。农村信用社加快推进改制与优化公司治理。

在推动产品和服务创新方面，精准发力乡村振兴。稳妥有序推进农村承包土地经营权和农民住房财产权抵押贷款试点，推动试点工作提质、增量、扩面。探索开展大型农机具抵押、农业生产设施抵押、供应链融资等业务，支持农业高质量发展和适度规模经营。创新探索多种模式，为绿色农业、田园综合体、水利建设、环境整治等项目提供资金支持。农业保险“扩面、提标、增品”取得阶段性成效。

在金融扶贫方面，优化扶贫再贷款管理，完善扶贫小额信贷管理政策，支持贫困地区通过“绿色通道”发行上市，创新推出扶贫票据和扶贫公司债券。金融机构积极开发扶贫信贷、保险产品。截至2018年末，全国扶贫再贷款余额为1 822亿元，同比增长12.7%。精准扶贫贷款余额42 461亿元，同比增长12.5%。扶贫票据累计发行26期276.5亿元。

在普惠金融发展方面，大力推动金融基础设施建设和数字普惠金融服务。信用信息体系建设日趋完备，为261万户小微企业、1.84亿户农户建立信用档案。农村地区总体上实现了人人有银行结算账户，乡乡有ATM，村村有POS。金融服务可得性、使用情况、质量进一步改善。数字化产品和服务不断丰富，有效降低了金融服务门槛和成本。中国发展数字普惠金融的5项经验入选全球普惠金融合作伙伴（GPFI）发布的《G20数字普惠金融新兴政策与方法》，积极推动了全球普惠金融发展。

同时也要看到，农村金融供需矛盾依然突出，对照乡村振兴战略和金融供给侧结构性改革的要求，农村金融服务改革创新的任务仍然艰巨。下一步改革，要以习近平新时代中国特色社会主义思想为指导，紧紧围绕关于实施乡村振兴战略和金融供给侧结构性改革的总体部署，坚持以市场化运作为导向、以机构改革为动力、以政策扶持为引导、以防控风险为底线，深化改革创新，建立完善金融服务乡村振兴的市场体系、组织体系和产品体系，更好地满足乡村振兴多样化、多层次的金融需求，推动城乡融合发展。

一是推进市场化改革，构建更具竞争性的农村金融体系。按照放宽准入、深化改革、健全风险防控机制的原则，可考虑以社区银行为突破点，适当放开准入，吸引民间资本进入。坚持权利平等、机会平等、规则平等，为各类农村金融市场主体下沉服务创造公平的市场环境。积极探索农村信用社省联社改革路径，突出专业化服务功能。规范发展小贷公司等非存款类放贷组织，积极发挥其服务乡村振兴的有益补充作用。

二是完善农村金融监管，提升监管质效。明确中央和地方金融监管部门的监管职责，形成中央、地方金融监管的合理有效分工。加强信息共享和监管合作，避免监管空白，转变监管方式。

三是聚焦重点领域，强化金融产品和服务创新。围绕脱贫攻坚、粮食安全、绿色农业、一二三产业融合等乡村振兴重点领域，强化金融产品和服务方式创新。积极稳妥推广农村承包土地的经营权抵押贷款业务，推动集体经营性建设用地使用权、集体资产股份等依法合规予以抵押，形成全方位、多元化的农村资产抵（质）押融资模式。鼓励金融机构通过发行绿色金融债券等方式，筹集资金用于污染防治、清洁能源、节水、生态保护、绿色农业等绿色领域。

四是完善配套支持政策，激发金融机构内生动力。进一步优化、细化货币、财税、监管的正向激励措施，从“补差补机构”转向“奖优奖业务”。继续推动农业保险“扩面、提标、增品”，完善保费补贴机制和再保险体系。健全农业信贷担保体系，推动农业信贷担保服务网络向市县延伸，充分发挥国家融资担保基金作用，引导更多金融资源支持乡村振兴。鼓励地方政府完善农村产权登记、评估、流转等机制，积极推进农村信用体系建设。

五是充分依靠数字技术，形成优势互补的良好态势。鼓励商业银行统筹实体和数字两种方式下沉服务，以适当的物理网点弥补“数字鸿沟”不足。加强数字普惠金融领域的金融标准建设。规范互联网金融在农村地区的发展。加强数字普惠金融知识宣传普及，提升消费者数字金融素养和防风险能力。

目　录

第一部分　中国农村金融服务基本情况

第二部分　农村金融扶持政策体系

第三部分　农村金融重要改革

第四部分　农村金融创新服务乡村振兴

第五部分　金融精准扶贫政策与成效

第六部分　普惠金融发展

第七部分　农村金融基础设施建设

第八部分　农村金融主要问题与进一步发展思路

图表目录

第一部分
中国农村金融服务基本情况

- 金融机构涉农贷款余额稳步增长
- 多元化广覆盖的农村金融组织体系不断完善
- 农村金融机构改革深入推进
- 农村金融创新积极服务乡村振兴
- 涉农直接融资渠道进一步多元化
- 农业保险“扩面、提标、增品”取得阶段性成效
- 金融精准扶贫助力脱贫攻坚
- 普惠金融服务水平稳步提升
- 农村金融政策扶持体系进一步完善

一、金融机构涉农贷款余额稳步增长

近年来，在多个部门政策引导和广大金融机构的共同努力下，“三农”信贷投入保持稳定增长，有力支持了农业生产和农村经济发展。截至2018年末，全部金融机构本外币农村（县及县以下）贷款余额26.6万亿元，同比增长6.0%，占各项贷款余额的比重为19.6%；农户贷款余额9.2万亿元，同比增长13.9%，占各项贷款余额的比重为6.8%；农林牧渔业贷款余额3.94万亿元，同比增长1.8%，占各项贷款余额的比重为2.9%；全口径涉农贷款余额32.7万亿元，同比增长5.6%，占各项贷款余额的比重为24.0%（见表1.1至表1.4）。

表1.1　2007年以来“三农”贷款统计情况

单位：亿元、%

时期	农村贷款					农林牧渔业贷款					农户贷款					全口径涉农贷款				
	余额		比年初增量		余额同比增长	余额		比年初增量		余额同比增长	余额		比年初增量		余额同比增长	余额		比年初增量		余额同比增长
	本期数	占各项贷款	本期数	占各项贷款		本期数	占各项贷款	本期数	占各项贷款		本期数	占各项贷款	本期数	占各项贷款		本期数	占各项贷款	本期数	占各项贷款	
2007–12	50 384	18.1	—	—	—	15 055	5.4	—	—	—	13 399	4.8	—	—	—	61 151	22.0	—	—	—
2008–12	55 569	17.4	9 265	18.6	18.4	15 559	4.9	1 507	3.0	10.0	15 170	4.7	2 192	4.4	16.4	69 124	21.6	12 738	25.6	20.8
2009–12	74 551	17.5	20 195	19.2	34.2	19 488	4.6	4 248	4.0	25.2	20 134	4.7	4 973	4.7	32.7	91 316	21.5	23 482	22.3	32.1
2010–12	98 017	19.2	23 467	28.1	31.5	23 045	4.5	3 557	4.3	18.3	26 043	5.1	5 909	7.1	29.4	117 658	23.1	26 342	31.5	28.9
2011–12	121 469	20.9	22 508	28.6	24.7	24 436	4.2	2 937	3.7	13.7	31 023	5.3	5 079	6.4	19.1	146 016	25.1	27 271	34.6	24.9
2012–12	145 467	21.6	23 968	26.3	19.8	27 261	4.1	3 102	3.4	11.6	36 195	5.4	5 000	5.5	15.9	176 310	26.2	30 119	33.1	20.8
2013–12	173 025	22.6	28 946	31.0	18.9	30 437	4.0	3 487	3.7	11.7	45 047	5.9	8 894	9.5	24.5	208 893	27.3	34 024	36.5	18.5
2014–12	194 383	23.2	24 525	26.7	12.4	33 394	4.0	3 065	3.3	9.7	53 587	6.4	8 556	9.3	19.0	236 002	28.1	29 984	32.6	13.0
2015–12	216 055	22.8	22 274	22.1	11.2	35 137	3.7	1 897	1.9	5.2	61 488	6.5	7 823	7.8	14.8	263 522	27.8	28 803	28.6	11.7
2016–12	230 092	21.6	19 374	16.4	6.5	36 627	3.4	1 793	1.5	4.2	70 846	6.6	9 494	8.0	15.2	282 336	26.5	24 147	20.4	7.1
2017–12	251 398	20.7	25 434	16.8	9.3	38 713	3.2	2 187	1.4	5.7	81 056	6.7	10 374	6.9	14.4	309 547	25.4	30 829	20.4	9.6
2018–12	266 368	19.6	19 407	13.6	6.0	39 424	2.9	880	0.6	1.8	92 322	6.8	11 309	7.9	13.9	326 806	24.0	22 287	15.6	5.6
2007—2018年年均增长	16.3					9.1					19.2					16.5				

数据来源：中国人民银行调查统计司。

注：1.（1）涉农贷款按用途划分为农林牧渔业贷款和其他涉农贷款两部分。农林牧渔业贷款是指金融机构发放给各主体进行农林牧渔业生产的贷款，包括农业贷款、林业贷款、牧业贷款、渔业贷款和农林牧渔服务业贷款；其他涉农贷款主要是金融机构发放的除农林牧渔业贷款之外的其他贷款（不含票据融资），其中包含金融机构发放给企业和各类组织用于支付农业产前、产中、产后的各环节，以及用于农村基础设施建设的各类特定用途贷款，主要有农用物资和农副产品流通贷款、农村基础设施建设贷款、农产品加工贷款、农业生产资料制造贷款、农田基本建设贷款、农业科技贷款，此外，还包括在其他方面促进农村地区经济发展的贷款，如县域地区的房地产贷款、建筑业贷款、除农林牧渔业贷款之外的农村个体户贷款等。

（2）涉农贷款按受贷主体划分为个人涉农贷款、企业涉农贷款和各类非企业组织涉农贷款三个部分。其中，（A）个人涉农贷款包括农户贷款和非农户个人农林牧渔贷款。农户贷款是金融机构发放给农户的所有贷款，包括农户生产经营贷款和农户消费贷款。农户生产经营贷款包括农户用于从事农林牧渔业生产活动的贷款和农户用于第二、第三产业活动的其他生产经营贷款。农户消费贷款是指发放给农户直接满足自身吃、穿、住、用、行以及医疗、学习等需要的贷款，如助学贷款、医疗贷款、个人住房贷款等。（B）企业涉农贷款是指金融机构发放给农村企业的贷款和城市企业的涉农贷款。（C）各类非企业组织涉农贷款是指金融机构发放给各类非企业组织的涉农贷款，包括农村各类组织贷款和城市各类组织涉农贷款。

（3）涉农贷款按城乡地域划分为农村贷款和城市涉农贷款两部分。其中，（A）农村贷款包括农户贷款和农村企业及各类组织贷款。（B）城市涉农贷款包括非农户个人农林牧渔业贷款和城市企业及各类组织涉农贷款，而城市企业及各类组织涉农贷款主要包括城市企业及各类组织的农林牧渔业贷款和城市企业及各类组织的支农贷款。

2.本表“各项贷款”为金融机构本外币各项贷款（不含票据融资），下同。

表1.2　金融机构本外币涉农贷款月报表

（2018-12-31）

单位：亿元、%

项　目	余额		当年新增额		同比增长
	本期	占各项贷款比重	本期	占各项贷款比重	
涉农贷款	326 806	24.0	22 286.7	15.6	5.6
一、按用途分类					
（一）农林牧渔业贷款	39 424	2.9	879.7	0.6	1.8
（二）农用物资和农副产品流通贷款	26 879	2.0	-1 508.7	-1.1	-5.1
（三）农村基础设施建设贷款	56 913	4.2	7 829.6	5.5	11.0
（四）农产品加工贷款	11 997	0.9	-526.9	-0.4	-3.7
（五）农业生产资料制造贷款	5 551	0.4	-419.5	-0.3	-7.3
（六）农田基本建设贷款	2 247	0.2	-184.5	-0.1	-10.4
（七）农业科技贷款	361	0.0	-17.4	0.0	-6.1
（八）其他	183 435	13.5	16 234.3	11.4	8.0
二、按城乡地域分类					
（一）农村（县及县以下）贷款	266 368	19.6	19 406.6	13.6	6.0
1. 农户贷款	92 322	6.8	11 308.7	7.9	13.9
其中：农户消费贷款	41 751	3.1	7 726.0	5.4	22.6
2. 农村（县及县以下）企业及各类组织贷款	174 045	12.8	8 097.9	5.7	2.2
（二）城市涉农贷款	60 438	4.4	2 880.1	2.0	3.9
1. 城市企业及各类组织涉农贷款	58 000	4.3	2 721.9	1.9	3.8
2. 非农户个人农林牧渔业贷款	2 438	0.2	158.2	0.1	7.3
三、按受贷主体分类					
（一）个人涉农贷款	94 760	7.0	11 466.9	8.0	13.7
1. 农户贷款	92 322	6.8	11 308.7	7.9	13.9
2. 非农户个人农林牧渔业贷款	2 438	0.2	158.2	0.1	7.3
（二）企业涉农贷款	225 695	16.6	12 299.4	8.6	3.6
1. 农村（县及县以下）企业贷款	169 355	12.5	8 555.6	6.0	2.7
2. 城市企业涉农贷款	56 340	4.1	3 743.9	2.6	6.4
（三）各类非企业组织涉农贷款	6 351	0.5	-1 479.6	-1.0	-23.8
1. 农村（县及县以下）各类组织贷款	4 691	0.3	-457.7	-0.3	-13.5
2. 城市各类组织涉农贷款	1 660	0.1	-1 021.9	-0.7	-42.9

数据来源：中国人民银行调查统计司。

表1.3 金融机构本外币涉农贷款分机构月报表

（2018–12–31）

单位：亿元、%

机构名称	农林牧渔业贷款		农村（县及县以下）贷款		农户贷款		涉农贷款	
	余额	同比增长	余额	同比增长	余额	同比增长	余额	同比增长
全金融机构	39 424	1.8	266 368	6.0	92 322	13.9	326 806	5.6
中资全国性大型银行	6 419	0.0	99 595	4.5	32 412	15.9	117 830	4.4
中资中型银行	2 618	12.0	49 283	0.7	1 847	1.3	77 233	2.2
中资小型银行	22 240	8.7	97 938	15.5	46 202	21.4	109 773	14.2
其中：								
农村商业银行	17 480	11.4	65 894	17.1	37 141	22.5	74 443	15.7
农村合作银行	523	–19.1	963	–20.5	604	–23.3	1 182	–20.0
村镇银行	2 124	6.5	6 245	10.2	4 601	16.7	6 956	9.7
农村信用合作社	8 029	–14.7	18 474	–13.9	11 697	–10.7	20 597	–13.5
中资财务公司	118	41.7	1 077	19.2	164	34.6	1 373	24.5

数据来源：中国人民银行调查统计司。

注：中资全国性大型银行包括中资全国性四家银行（中国工商银行、中国农业银行、中国银行、中国建设银行）、国家开发银行、交通银行、中国邮政储蓄银行。

中资中型银行包括招商银行、中国农业发展银行、上海浦东发展银行、中信银行、兴业银行、中国民生银行、中国光大银行、华夏银行、中国进出口银行、广发银行、平安银行、北京银行、上海银行、江苏银行。

中资小型银行包括恒丰银行、浙商银行、渤海银行、小型城商行、农村商业银行、农村合作银行、村镇银行。

表1.4 本外币涉农贷款分地区月报表

（2018–12–31）

单位：亿元、%

地 区	农林牧渔业贷款		农村（县及县以下）贷款		农户贷款		涉农贷款	
	余额	同比增长	余额	同比增长	余额	同比增长	余额	同比增长
全国	39 424	1.8	266 368	6.0	92 322	13.9	326 806	5.6
总行	95	42.3	210	0.9	46	24.6	2 420	–3.6
北京	463	–0.2	834	21.5	37	23.5	2 299	15.5
天津	190	–0.5	450	–16.4	243	23.0	1 831	–22.4
河北	1 084	11.0	13 759	7.7	4 335	7.2	14 994	5.6

续表

地区	农林牧渔业贷款		农村（县及县以下）贷款		农户贷款		涉农贷款	
	余额	同比增长	余额	同比增长	余额	同比增长	余额	同比增长
山西	972	1.9	8 480	3.6	1 963	10.4	10 000	2.5
内蒙古	2 169	6.2	6 745	0.7	2 073	14.6	8 402	0.5
辽宁	1 524	−7.4	6 384	7.7	1 413	2.2	8 148	5.3
吉林	852	2.1	4 475	−9.6	688	5.8	5 501	−8.9
黑龙江	1 300	−7.9	5 747	−3.8	1 154	−1.0	8 306	−2.5
上海	114	−20.2	587	−6.6	194	1.0	1 576	−14.3
江苏	2 322	9.8	27 990	2.7	6 950	15.1	32 328	4.0
浙江	1 675	11.9	32 943	10.2	13 255	19.6	35 576	9.2
安徽	958	6.0	9 580	14.8	4 664	23.5	12 420	11.7
福建	1 263	9.7	10 831	−4.5	4 131	13.8	12 306	−2.2
江西	2 477	5.0	10 009	16.5	4 600	17.7	12 274	18.5
山东	1 582	−1.6	22 164	−1.4	5 769	16.6	26 304	1.9
河南	3 593	8.3	16 095	12.5	5 385	15.6	18 456	10.8
湖北	1 414	3.3	8 186	12.0	2 948	20.7	11 472	11.1
湖南	1 371	−2.2	10 042	12.4	4 544	11.9	11 288	8.7
广东	887	3.5	9 321	13.4	4 283	17.5	12 155	12.1
广西	1 851	−0.6	5 660	8.9	3 110	18.6	8 113	4.0
海南	315	15.6	980	5.1	238	7.6	1 552	5.4
重庆	274	−5.3	3 726	4.7	1 638	10.9	5 380	6.1
四川	1 830	−4.7	13 250	4.6	5 161	9.3	16 596	3.4
贵州	1 572	12.3	9 215	21.1	3 333	16.7	10 907	24.7
云南	1 365	11.0	7 639	9.0	2 445	11.7	9 523	5.9
西藏	281	18.0	391	27.6	258	19.0	1 398	18.8
陕西	1 034	−13.8	5 445	3.3	2 467	4.5	6 988	6.0
甘肃	2 463	−4.8	5 465	1.4	2 910	4.0	6 786	1.4
青海	186	0.6	1 616	7.2	222	15.0	2 178	−3.4
宁夏	491	8.2	1 772	0.1	670	6.2	2 179	0.9
新疆	1 456	−17.5	6 378	−7.9	1 196	−7.3	7 148	−4.6

数据来源：中国人民银行调查统计司。

二、多元化广覆盖的农村金融组织体系不断完善

截至2018年末，全国银行业金融机构覆盖率达到96%。金融机构空白乡镇从启动时（2009年10月）的2 945个减少到1 314个，实现乡镇金融机构和乡镇基础金融服务双覆盖的省份（含计划单列市）从2009年10月的9个增加到18个。

村镇银行县（市）覆盖面持续提升。截至2018年末，全国已有1 286个县（市）核准设立村镇银行，县（市）覆盖率为70%。全国已组建村镇银行1 621家，其中65.6%设在中西部地区，村镇银行资产规模达到1.5万亿元。村镇银行已累计为658.5万家农户和小微企业发放贷款1 114.6万笔，累计发放贷款金额达4.69万亿元。截至2018年末，全国已组建的新型农村金融机构90%以上的贷款投向了农户和小微企业。

全国共有33家保险机构开展农业保险业务，包括综合性保险公司、专业性农业保险公司、相互制保险公司和农业互助合作保险组织。保险机构农业保险服务网点乡镇覆盖率达95%，村级覆盖率超过50%。

表1.5　农村中小银行机构从业人员、法人机构和营业网点情况

机构名称	2018年		
	从业人员数（人）	法人机构数（个）	营业网点（个）
合计	959 158	3 913	84 454
农村信用社	210 383	812	19 468
农村商业银行	645 492	1 397	58 246
农村合作银行	9 369	30	918
村镇银行	93 465	1 616	5 764
贷款公司	104	13	13
农村资金互助社	345	45	45

数据来源：中国银保监会。

注：从业人员是指在岗人员数；机构数是指法人数，不统计非法人机构数。

三、农村金融机构改革深入推进

农村信用社加快推进改制与优化公司治理，市场意识与竞争能力不断增强，各项贷款余额的60%投向涉农领域，提供了全国30%的涉农贷款和55%的农户贷款，对提升农村金融服务能力发挥了重要作用。开启投资管理型村镇银行和“多县一行”制村镇银行试点，完善村镇银行市场准入政策。

农业银行“三农”金融事业部不断完善有别于城市业务的政策和运作模式，对“三农”重点领域信贷支持力度明显加大。邮储银行36家一级分行“三农”金融业务管理架构搭建完毕。5家大型商业银行在总行和全部185家一级分行设立了普惠金融事业部，构建条线化管理体制和专业化经营机制。10家股份制银行已设立普惠金融事业部或其他专司普惠金融业务的部门或中心。开发性、政策性银行改革逐步深化，内控体系和风险管理进一步增强，金融创新能力稳步提升。

表1.6　2012—2018年主要涉农金融机构盈利水平状况

单位：%

机构名称	指标	2012年	2013年	2014年	2015年	2016年	2017年	2018年
农村商业银行	资产利润率	1.25	1.26	1.38	1.11	1.01	0.87	0.82
	资本利润率	15.94	15.91	17.23	13.95	13.14	11.67	10.61
农村合作银行	资产利润率	1.34	1.32	1.15	0.96	0.63	0.62	0.48
	资本利润率	16.57	14.87	13.00	10.93	7.27	7.73	5.97
农村信用社	资产利润率	0.82	0.85	0.95	0.80	0.69	0.64	0.61
	资本利润率	16.29	16.14	17.37	14.07	11.83	10.80	10.17
新型农村金融机构	资产利润率	—	—	1.42	1.28	0.96	0.82	0.66
	资本利润率	—	—	10.10	9.38	7.64	6.93	5.62

数据来源：中国银保监会。

注：此处不含农村商业银行和农村合作银行。

①资产利润率（ROA）是指金融机构在一个会计年度内获得的税后利润与总资产平均余额的比率，本报告采用净利润与总资产平均余额的比率计算。

②资本利润率（ROE）是指金融机构在一个会计年度内获得的税后利润与资本平均余额的比率，本报告采用净利润与所有者权益平均余额的比率计算。

表1.7 2018年金融机构涉农不良贷款

单位：亿元、%

机构	涉农不良贷款			
	余额		比率	
	本期	同比增长	本期	同比增减百分点
全部金融机构	11 625	19.3	3.6	0.4
中资全国性大型银行	3 088	-2.2	2.6	-0.2
中资中型银行	1 690	13.0	2.2	0.2
中资小型银行	4 779	54.4	4.4	1.1
其中：农村商业银行	3 663	53.9	4.9	1.2
农村合作银行	157	109.7	13.3	8.2
村镇银行	232	46.8	3.3	0.8
农村信用合作社	2 066	3.7	10.0	1.7

数据来源：中国人民银行调查统计司。

四、农村金融创新积极服务乡村振兴

近年来，我国持续加大强农惠农富农政策力度，扎实推进农业现代化和新农村建设，农业农村发展取得了重要进展。2018年，中共中央、国务院提出实施乡村振兴战略，作为未来我国“三农”工作的总抓手。人民银行等部门认真落实中央部署，积极引导金融创新，加大对农业农村重点领域支持，全力做好农业供给侧结构性改革和乡村振兴金融服务。

一是深化农村产权融资创新。稳妥有序地推进农村承包土地经营权和农民住房财产权抵押贷款试点，推动试点工作提质、增量、扩面。试点地区有近2 000家金融机构开办农地抵押贷款业务，300多家金融机构开办农房抵押贷款业务。积极创新抵押贷款模式，推出“两权”为单一抵押的贷款、“两权+多种经营权组合抵押”、“两权+农业设施权证”、“农户联保+两权反担保”等模式，进一步释放“两权”抵押担保权能。

二是支持农业高质量发展和适度规模经营。探索开展大型农机具抵押、农业生产设施抵押、供应链融资等业务。针对农民专业合作社等新型农业经营主体，开发农业产业链贷款等适合其金融服务需求的专属产品，简化信贷流程，支持其做强规模、提速发展。积极引导鼓励贸易商、加工企业等龙头企业在农产品购销过程中推广以期货价格为基准的基差贸易模式，发展“订单农业”，管理农产品价格波动风险。

三是积极支持美丽乡村建设。金融机构创新探索“银行贷款+风险补偿金”“政银保合作”“互联网+农村金融”“农业领域PPP”“开发性金融与绿色金融相结合”等多种模式，为绿色农业、田园综合体、水利建设、垃圾处理、新农村建设等项目提供资金支持。

四是加强协同创新。加大“保险+期货”试点项目支持，2018年试点项目156个，较2017年翻一番，选取6个县开展“保险+期货”县域全覆盖试点。探索开展“订单农业+保险+期货（权）”试点。

五、涉农直接融资渠道进一步多元化

证监会以制度创新为动力，发挥证券期货行业优势，加大直接融资支持力度，不断丰富农产品期货期权品种体系；银行间债券市场结合涉农企业自身特点及其多样化融资需求进行产品创新，推动培育农业农村多元投入格局。

2017—2018年，首发上市涉农企业10家，融资69.82亿元；再融资企业9家，融资99.83亿元。截至2018年末，新三板挂牌的涉农企业累计达418家，上述企业2018年共完成55次股票定向发行，累计融资25.06亿元。

截至2018年末，累计有257家涉农企业（包括农林牧渔业、农产品加工业）在银行间债券市场发行1 553只、1.47万亿元债务融资工具，品种包括中期票据、短期融资券、超短期融资券、定向债务融资工具等多种产品。2017—2018年，涉农企业发行公司债券14只，融资80.5亿元。

截至2018年末，在中国证券投资基金业协会备案的存续私募基金中，在投项目涉及农、牧、渔行业的私募基金有1 175只，基金规模5 293.93亿元；在投项目数量1 550个，在投本金806.23亿元。

六、农业保险“扩面、提标、增品”取得阶段性成效

2013年以来，中国农业保险快速发展，已经成为全球第二、亚洲第一的农业保险市场。

近年来，银保监会以“扩面、提标、增品”为工作重点，不断深化农业保险发展改革，取得阶段性成效。

一是基本形成了以政策性保险为基础、商业性保险和互助性保险为补充的农业保险体系。农业保险已覆盖所有省（自治区、直辖市），多数省份拥有3家以上的经营主体，初步形成适度竞争的市场体系。

二是农业保险承保农作物品种接近400种，基本涵盖了农林牧渔各个领域。截至2018年末，参保农户1.95亿户次，实现保费收入572.65亿元，提供风险保障3.46万亿元。

三是以“扩责任、提保障、简理赔”为核心的农业保险产品改革持续推进，保险责任显著扩大，保障水平大幅提升，理赔条件明显优化。

七、金融精准扶贫助力脱贫攻坚

2018年，中共中央、国务院印发《关于打赢脱贫攻坚战三年行动的指导意见》，提出至2020年消除绝对贫困，确保贫困县全部摘帽，解决区域性、整体性贫困。金融部门积极落实中央部署，人民银行优化扶贫再贷款管理，原银监会完善扶贫小额信贷管理政策、证监会支持贫困地区通过“绿色通道”发行上市和发行扶贫公司债券、银行间市场交易商协会创新推出扶贫票据。

金融机构认真落实各项扶贫政策措施，优化扶贫工作机制，持续推动多种金融扶贫方式创新。银行业金融机构大力开发个人精准扶贫贷款、产业精准扶贫贷款与项目精准扶贫贷款，积极支持贫困地区的就地创业、产业发展与基础设施建设。保险业开发多种扶贫特色产品，完善农业保险、大病保险、巨灾保险风险分担机制，提高保险范围、降低保险费率，增强农民、农业风险抵御能力。截至2018年末，全国扶贫再贷款余额为

1 822亿元，同比增长12.7%。精准扶贫贷款余额42 461亿元，同比增长12.5%。

八、普惠金融服务水平稳步提升

普惠金融服务水平稳步提升，金融服务可得性、使用情况、质量进一步改善。全国及农村地区总体上实现了人人有银行结算账户，乡乡有ATM，村村有POS机。银行卡助农取款服务点村级行政区覆盖率达98.23%。引导金融机构精准对接农村电商等特色产业金融服务需求，拓展移动支付应用。

信用信息体系建设日趋完备。截至2018年末，建立信用档案的小微企业261万户，农户1.84亿户。征信系统已经收录了9.8亿自然人、2 582.8万户企业及其他组织的信用信息。

全国农业信贷担保体系建设进入向市县延伸机构设置和业务拓展的关键阶段，农业信贷担保规模稳步扩大，政策效果逐步显现。

河南省兰考县等地的普惠金融试验区建设稳步推进，积极探索全面提高金融服务的覆盖率、可得性和满意度。

数字化产品和服务不断丰富，有效降低了金融服务门槛和成本。中国发展数字普惠金融的5项经验入选全球普惠金融合作伙伴（GPFI）发布的《G20数字普惠金融新兴政策与方法》，积极推动了全球普惠金融发展。

九、农村金融政策扶持体系进一步完善

货币信贷政策方面，综合运用多种货币政策工具和宏观审慎政策工具，引导金融机构加大对“三农”、小微企业的金融支持力度。一是将原有对“三农”和小微企业领域实施的定向降准政策拓展并延伸至脱贫攻坚、“双创”等普惠金融领域。同时优化原有定向降准政策标准，政策精准性和有效性显著提高。继续对县域金融机构执行比大型商业银行更低的优惠准备金率政策。二是优化支农、支小再贷款以及再贴现的地区结构，加强台账管理和资金投向监测，扩大支农、支小再贷款合格抵押品范围，优化运用扶贫

再贷款发放贷款的利率政策。三是推广信贷资产质押和央行内部评级工作，有效解决地方法人金融机构借用支农、支小再贷款合格抵押品不足问题。四是对国家开发银行、中国农业发展银行、中国进出口银行发放抵押补充贷款（PSL）。五是通过合理调整宏观审慎评估（MPA）有关指标和参数，引导金融机构加大对“三农”、小微信贷支持。

财税政策方面，中央财政和税收部门不断完善和优化政策措施，综合运用税收优惠、贴息、奖补、保费补贴等手段，支持农村金融健康发展。对金融机构向农户、小型企业、微型企业及个体工商户发放限定额度内贷款取得的利息收入，免征增值税。继续对农户小额贷款利息收入、种植业养殖业保险保费收入实行税收优惠。对担保机构符合条件的担保费收入免征增值税。普惠金融发展专项资金遵循惠民生、保基本、有重点、可持续的原则，综合运用县域金融机构涉农贷款增量奖励、农村金融机构定向费用补贴、创业担保贷款贴息及奖补、政府和社会资本合作（PPP）项目以奖代补等方式，引导地方各级人民政府、金融机构以及社会资金支持普惠金融发展，弥补市场失灵。

监管政策方面，将普惠金融服务情况纳入监管评价体系，明确资本管理、不良贷款容忍度等差异化监管要求。要求银行单列信贷计划，指导建立续贷、尽职免责等内部管理机制。围绕小微企业、农户等普惠金融重点客户设定增速、户数等监管考核目标。指导金融机构建立续贷、尽职免责等内部管理机制。

第二部分
农村金融扶持政策体系

- 货币信贷政策
- 财政税收政策
- 差异化监管政策

近年来，各部门积极落实党中央、国务院关于农业农村工作的重要部署和农村金融改革创新的要求，以推动农业现代化和供给侧结构性改革为主线，不断完善和优化货币信贷、财政税收以及监管政策，形成正向激励的扶持政策体系，着力破解农村金融“成本高、风险高”等核心问题，促使金融资源更多流向“三农”、小微企业等薄弱环节，为金融服务乡村振兴创造良好的政策环境。

一、货币信贷政策

人民银行综合运用差别化准备金率、再贷款、再贴现、抵押补充贷款等货币政策工具以及宏观审慎政策工具，引导金融机构加大对“三农”、民营企业和小微企业的金融支持力度，推动农村金融发展取得良好成效。

（一）优化差别化的存款准备金率政策

2017年9月，人民银行将原有对“三农”和小微企业领域实施的定向降准政策拓展并延伸至脱贫攻坚、“双创”等普惠金融领域。同时优化原有定向降准政策标准，聚焦真小微、真普惠，指向单户授信500万元以下的小微企业贷款、个体工商户和小微企业主经营性贷款，以及农户生产经营、创业担保、建档立卡贫困人口、助学等贷款，政策精准性和有效性显著提高。同时，继续对县域金融机构执行比大型商业银行更低的优惠准备金率政策。截至2018年末，县域农村商业银行执行12%的存款准备金率，农村合作银行、农村信用社、村镇银行执行9%的存款准备金率，分别比大型商业银行低2.5个和5.5个百分点。对农业银行涉农贷款投放较多的县级“‘三农’金融事业部”执行比农业银行低2个百分点的存款准备金率。

（二）完善再贷款、再贴现管理，加大支持力度

2017年以来，人民银行不断优化支农、支小再贷款以及再贴现的地区结构，加强台账管理和资金投向监测，扩大支农、支小再贷款合格抵押品范围，优化运用扶贫再贷款发放贷款的利率政策，注重发挥其正向激励作用，引导金融机构扩大“三农”、民营企

业、小微企业特别是普惠口径小微企业的信贷投放，降低融资成本。

一是适度下调支小再贷款利率水平，将运用支农、支小再贷款资金发放贷款最长期限由1个月调整为2个月，创新“先贷后借”支小再贷款发放模式。

二是加强借用支农、支小再贷款的地方法人金融机构台账管理，加强跟踪监测分析，确保再贷款资金全部用于发放涉农贷款、小微企业贷款、民营企业贷款，优先用于发放普惠口径小微企业贷款。

三是调整金融机构运用扶贫再贷款发放贷款的利率政策，提升金融机构借用扶贫再贷款积极性和定价水平。

四是完善再贴现管理政策。对民营企业票据、票面金额500万元及以下的小微企业票据和涉农票据，以及直贴票据优先办理再贴现。对于再贴现支持的金融机构，其办理再贴现票据的贴现利率应低于该金融机构同期同档次的贴现加权平均利率。

截至2018年末，全国支农、支小再贷款余额分别为2 870亿元、2 172亿元，再贴现余额为3 290亿元。

（三）推广信贷资产质押和央行内部评级工作

2017年12月，人民银行将信贷资产质押和央行内部（企业）评级工作推广至全国分支机构，有效解决了地方法人金融机构借用支农、支小再贷款合格抵押品不足问题，引导地方法人金融机构扩大“三农”、小微企业信贷投放，切实降低了社会融资成本。

（四）创新出台抵押补充贷款政策

经国务院批准，人民银行对国家开发银行、中国农业发展银行、中国进出口银行发放抵押补充贷款（PSL）。2017年，人民银行明确由三家银行自主选择抵押补充贷款资金发放范围，主要用于棚改贷款、重大水利工程贷款、农村公路等基础设施贷款以及人民币“走出去”项目贷款等。截至2018年末，人民银行向三家银行提供抵押补充贷款共33 795亿元。

（五）有效发挥宏观审慎政策工具引导作用

人民银行发挥宏观审慎评估（MPA）的结构引导作用，通过合理调整MPA有关指标和参数，引导金融机构加大对小微、“三农”信贷支持。2018年，人民银行在宏观审慎评估中新增临时性专项指标，专门用于考察金融机构小微企业贷款情况，在结构性参数计算中，将考察范围拓展至普惠金融领域。

专栏一

创新政策工具　实施普惠金融定向降准

2017年9月27日，国务院召开常务会议，明确对单户授信500万元以下的小微企业贷款、个体工商户和小微企业主经营性贷款以及农户生产经营、创业担保等贷款增量或者余额达到一定比例的商业银行实施定向降准。

2017年9月30日，中国人民银行印发《关于对普惠金融实施定向降准的通知》（银发〔2017〕222号），将原有对小微企业和“三农”领域实施的定向降准政策拓展和优化为统一对普惠金融领域贷款达到一定标准的金融机构实施定向降准政策。

考核范围调整为普惠金融领域贷款，包括：单户授信小于500万元的小型企业贷款、单户授信小于500万元的微型企业贷款、个体工商户经营性贷款、小微企业主经营性贷款、农户生产经营贷款、创业担保（下岗失业人员）贷款、建档立卡贫困人口消费贷款和助学贷款。

金融机构范围包括：国有商业银行、中国邮政储蓄银行、股份制商业银行、城市商业银行、非县域农村商业银行和外资银行。

适用普惠金融领域贷款定向降准的金融机构应符合宏观审慎经营标准且普惠金融领域贷款达到一定比例。比例有两档：第一档是上年普惠金融领域贷款增量占全部新增人民币贷款比例达到1.5%，或上年末普惠金融领域贷款余额占全部人民币贷款余额比例达到1.5%，享受0.5个百分点准备金率优惠；第二档是上年普惠金融领域贷款增量占全部新增人民币贷款比例达到10%，或上年末普惠金融领域贷款余额占全部人民币贷款余额比例达到10%，享受1.5个百分点准备金率优惠。

此次普惠金融定向降准延伸到脱贫攻坚和“双创”等其他普惠性质的信贷领域，政策外延更加完整和丰富。同时，聚焦单户授信500万元以下的“真小微”“真普惠”，政策精准性和有效性显著提高。通过上述设置，普惠金融定向降准能够建立一种正向激励机制，引导金融资源向普惠金融领域倾斜，进一步优化信贷结构，增强金融服务实体经济的能力。2018年1月，普惠金融定向降准全面实施，惠及全部大中型商业银行、近80%的城商行和90%的非县域农商行，释放资金约4 500亿元。

二、财政税收政策

中央财政和税收部门不断完善和优化政策措施，综合运用税收优惠、贴息、奖补、保费补贴等手段，支持农村金融健康发展。

（一）农村金融税收优惠政策

2017年以来，我国出台了一系列税收优惠政策（见表2.1）。一是单户授信限定额度内，对金融机构向农户、小型企业、微型企业及个体工商户发放小额贷款取得的利息收入，免征增值税；二是对金融机构与小型企业、微型企业签订的借款合同免征印花税；三是对金融机构农户小额贷款的利息收入，在计算应纳税所得额时，按90%计入收入总额；四是对保险公司为种植业、养殖业提供保险业务取得的保费收入，在计算应纳税所得额时，按90%计入收入总额；五是纳税人为农户、小型企业、微型企业及个体工商户借款、发行债券提供融资担保取得的担保费收入，以及为原担保提供再担保取得的再担保费收入，免征增值税；六是对于符合条件的中小企业融资（信用）担保机构，不超过当年年末担保责任余额1%的比例计提的担保赔偿准备、不超过当年担保费收入50%的比例计提的未到期责任准备准予在企业所得税税前扣除；七是经省级金融管理部门批准成立的小额贷款公司，取得的农户小额贷款利息收入免征增值税，在计算应纳税所得额时，按90%计入收入总额，按年末贷款余额的1%计提的贷款损失准备金准予在企业所得税税前扣除；八是对中国邮政储蓄银行纳入"'三农'金融事业部"改革的县域支行提供农户贷款、农村企业和农村各类组织贷款取得的利息收入，可以选择适用简易计税方法按照3%的征收率计算缴纳增值税。

表2.1　农村金融税收优惠政策一览

政策文件	主要内容
《财政部　税务总局关于支持小微企业融资有关税收政策的通知》（财税〔2017〕77号）、《财政部　税务总局关于金融机构小微企业贷款利息收入免征增值税政策的通知》（财税〔2018〕91号）	自2017年12月1日至2019年12月31日，对金融机构向农户、小型企业、微型企业及个体工商户发放小额贷款（单户授信100万元及以下）取得的利息收入，免征增值税。为进一步加大支持力度，自2018年9月1日至2020年年底，将符合条件的小微企业和个体工商户贷款利息收入免征增值税单户授信额度上限，由100万元提高到1 000万元。
《财政部　税务总局关于支持小微企业融资有关税收政策的通知》（财税〔2017〕77号）	自2018年1月1日至2020年12月31日，对金融机构与小型企业、微型企业签订的借款合同免征印花税。
《财政部　税务总局关于延续支持农村金融发展有关税收政策的通知》（财税〔2017〕44号）	自2017年1月1日至2019年12月31日，对金融机构农户小额贷款的利息收入，在计算应纳税所得额时，按90%计入收入总额。
《财政部　税务总局关于延续支持农村金融发展有关税收政策的通知》（财税〔2017〕44号）	自2017年1月1日至2019年12月31日，对保险公司为种植业、养殖业提供保险业务取得的保费收入，在计算应纳税所得额时，按90%计入收入总额。
《财政部　税务总局关于小额贷款公司有关税收政策的通知》（财税〔2017〕48号）	自2017年1月1日至2019年12月31日，对经省级金融管理部门（金融办、局等）批准成立的小额贷款公司取得的农户小额贷款利息收入，免征增值税；取得的农户小额贷款利息收入，在计算应纳税所得额时，按90%计入收入总额；按年末贷款余额的1%计提的贷款损失准备金准予在企业所得税税前扣除。
《财政部　税务总局关于租入固定资产进项税额抵扣等增值税政策的通知》（财税〔2017〕90号）	自2018年1月1日至2019年12月31日，纳税人为农户、小型企业、微型企业及个体工商户借款、发行债券提供融资担保取得的担保费收入，以及为原担保提供再担保取得的再担保费收入，免征增值税。
《财政部　税务总局关于中小企业融资（信用）担保机构有关准备金企业所得税税前扣除政策的通知》（财税〔2017〕22号）	自2016年1月1日起至2020年12月31日，对于符合条件的中小企业融资（信用）担保机构提取的以下准备金准予在企业所得税税前扣除：（1）按照不超过当年年末担保责任余额1%的比例计提的担保赔偿准备，允许在企业所得税税前扣除，同时将上年度计提的担保赔偿准备余额转为当期收入；（2）按照不超过当年担保费收入50%的比例计提的未到期责任准备，允许在企业所得税税前扣除，同时将上年度计提的未到期责任准备余额转为当期收入。
《财政部　税务总局关于中国邮政储蓄银行三农金融事业部涉农贷款增值税政策的通知》（财税〔2018〕97号）	自2018年7月1日至2020年12月31日，对中国邮政储蓄银行纳入“‘三农’金融事业部”改革的各省、自治区、直辖市、计划单列市分行下辖的县域支行，提供农户贷款、农村企业和农村各类组织贷款取得的利息收入，可以选择适用简易计税方法按照3%的征收率计算缴纳增值税。

（二）普惠金融发展专项资金

普惠金融发展专项资金，是中央财政用于支持普惠金融发展的专项转移支付资金，包括县域金融机构涉农贷款增量奖励、农村金融机构定向费用补贴、创业担保贷款贴息及奖补、政府和社会资本合作项目以奖代补4个使用方向。

县域金融机构涉农贷款增量奖励是对符合条件的县域金融机构当年涉农贷款平均余额同比增长超过13%的部分，按照不超过2%的比例给予奖励。

农村金融机构定向费用补贴是对符合条件的新型农村金融机构和西部基础金融服务薄弱地区的银行业金融机构（网点），按照不超过其当年贷款平均余额的2%给予补贴。

创业担保贷款贴息及奖补是对符合规定条件的个人和小微企业创业担保贷款给予财政贴息。专项资金贴息的小微企业创业担保贷款额度最高不超过200万元，贷款期限最长不超过2年；个人创业担保贷款的最高贷款额度为10万元，贷款期限最长不超过3年。2018年3月，财政部联合人力资源和社会保障部、人民银行制定《关于进一步做好创业担保贷款财政贴息工作的通知》（财金〔2018〕22号），促进创业担保贷款进一步扩面、提标、增质。2018年，中央财政拨付创业担保贷款贴息及奖补资金约71亿元，减轻了创业者和用人单位的负担，在促进困难就业群体就业创业、改善收入分配格局等方面发挥了引导和带动作用。

政府和社会资本合作以奖代补政策分为差异化奖励和定额奖励两类。其中，差异化奖励面向存量转型项目，按照项目化债规模的2%给予奖励。定额奖励面向示范项目中的新建项目，财政部在项目完成采购确定社会资本合作方后，按照项目投资规模分别给予一定奖励。2016—2018年累计安排PPP以奖代补资金43亿元，共涉及692个项目。该政策对于吸引社会资本参与公共服务项目的投资运营管理、提高公共服务供给能力和效率具有积极意义。

专栏二

齐抓共管“几家抬”，全面深化小微企业金融服务

人民银行全面贯彻落实党中央、国务院决策部署，积极作为、统筹协调，会同银保监会、财政部等部门，按照齐抓共管“几家抬”的政策思路，围绕加大货币政策支持、加强监管考核、强化内部激励约束、实施减税降费政策、优化小微营商环境等方面，推出多项真招实招，着力缓解小微企业融资难融资贵，取得初步成效。

一是加强政策支持，迅速部署落实。2018年6月25日，人民银行会同银保监会、证监会、发展改革委、财政部五部委制定出台《关于进一步深化小微企业金融服务的意见》（银发〔2018〕162号），从货币政策、监管考核、内部管理、财税激励、优化环境等八个方面提出23条短期精准发力、长期标本兼治的具体措施。2018年10月20日至11月15日，按照国务院金融稳定发展委员会安排部署，由七家成员单位牵头组织开展民营企业和小微企业金融服务实地督导工作，推动金融支持民营和小微企业政策落地见效。

二是加强货币政策工具引导。2018年1月，全面实施普惠金融定向降准，释放资金约4 500亿元。2018年4月、10月，两次下调相关金融机构存款准备金率以置换中期借贷便利（MLF），净释放资金约1.15万亿元，主要用于增加金融机构支持小微企业、民营企业和创新型企业的资金来源。2018年7月，下调部分金融机构存款准备金率合计释放资金约7 000亿元，其中约2 000亿元主要用于支持相关金融机构开拓小微企业市场，发放小微企业贷款。增加信贷政策支持再贷款再贴现额度3 000亿元，下调一年期支小再贷款利率0.5个百分点，对票面金额500万元及以下的小微企业票据和涉农票据，以及直贴票据优先办理再贴现。扩大信贷政策支持再贷款担保品范围，将评级不低于AA级的小微、绿色、“三农”金融债券，公司信用类债券以及优质的小微企业贷款和绿色贷款纳入中期借贷便利、常备借贷便利（SLF）、再贷款等工具的合格抵押品。

三是强化财税激励和监测考核政策。财政部联合国家税务总局研究出台《关于金融机构小微企业贷款利息收入免征增值税政策的通知》（财税〔2018〕91号），将符合条件的小微企业和个体工商户贷款利息收入免征增值税单户授信额度上限由100万元提高到1 000万元。加强对国家融资担保基金支持的融资担保公司的监管考核，要求对支持单户授信500万元及以下的小微企业贷款及个体工商户、小微企业主经营性贷款的担保金额占比不低于50%。要求银行业金融机构努力实现单户授信总额1 000万元及以下小微企业贷款同比增速高于各项贷款同比增速，有贷款余额的户数高于上年同期水平。

四是创新金融产品和服务。将小微企业贷款资产支持证券基础资产由单户授信100万元及以下放宽至500万元及以下。鼓励更多商业银行发行小微企业金融债券，自银发〔2018〕162号文出台以来，已有交通银行、民生银行、浙商银行、厦门银行等13家银行成功发行小微企业专项金融债券1 100亿元；浙江泰隆银行、宁波银行、招商银行等5家银行发行微小企业贷款资产支持证券108.04亿元。深入推进小微企业应收账款融资行动，指导各地加强政银企三方合作。截至2018年11月末，中征应收账款融资服务平台累计注册小微企业用户7.4万家，促成融资笔数达6.7万笔，融资金额2.99万亿元，比上年同期增长30%。

五是优化小微企业开户服务。推广电子渠道预约开户、提高开户审核效率，小微企业开户时间平均缩短至3天。自2018年6月11日起在中小企业较多的江苏泰州和浙江台州试点取消企业（含企业法人、非法人企业、个体工商户）银行账户核准，目前企业开户在1～2个工作日内完成。

六是持续推进中小微企业信用体系建设。指导各地因地制宜，以数据库和网络服务平台建设为核心，建立健全中小微企业信用信息征集、信用评价和信息应用制度。截至2018年末，已累计为全国261万户中小微企业建立信用档案，有54万户中小微企业获得银行贷款，贷款余额达11万亿元。

截至2018年末，普惠口径小微贷款余额8万亿元，同比增长18%，增速比上年高8.2个百分点，全年增加1.22万亿元，增量是上年全年的2倍。根据世界银行《2018全球营商环境报告》，我国中小企业“获得信贷”指标排名68名，较整体营商环境排名高10名。

三、差异化监管政策

在健全银行业差异化监管机制方面，银保监会要求银行单列信贷计划，指导建立续贷、尽职免责等内部管理机制。围绕小微企业、农户等普惠金融重点客户设定增速、户数等监管考核目标。将普惠金融服务情况纳入监管评价体系，明确资本管理、不良贷款容忍度等差异化监管要求。

（一）将普惠金融服务情况纳入监管评价体系

银监会等11个部委联合发布《大中型商业银行设立普惠金融事业部实施方案》（银监发〔2017〕25号），对大中型商业银行普惠金融事业部经营情况进行差异化监测和考核，其派出机构分别对其辖内大中型商业银行普惠金融事业部开展情况进行监测评估，重点关注基础金融服务、信贷投放以及服务的覆盖率、可得性、满意度等。

（二）细化普惠金融考核目标

银监会印发《关于2018年推动银行业小微企业金融服务高质量发展的通知》（银监办发〔2018〕29号）、《关于做好2018年银行业三农和扶贫金融服务工作的通知》（银监办发〔2018〕46号），提出普惠金融服务的考核目标。

一是在继续监测“三个不低于”[①]、确保小微企业信贷总量稳步扩大的基础上，重点针对单户授信1 000万元以下（含）的小微企业贷款，提出“两增两控”的目标，突出小微企业贷款量质并重、可持续增长的监管导向。“两增”即单户授信总额1 000万元以下（含）小微企业贷款同比增速不低于各项贷款同比增速，有贷款余额的户数不低于上年同期水平；“两控”即合理控制小微企业贷款资产质量水平和贷款综合成本。

二是在涉农贷款余额持续增长的基础上，力争实现单户授信500万元以下的普惠型农户经营性贷款和1 000万元以下普惠型涉农小微企业贷款增速总体不低于各项贷款平均增速，扶贫小额信贷和精准产业扶贫贷款增速总体高于各项贷款平均增速，对符合贷款条件建档立卡贫困户的小额贷款需求能贷尽贷。

（三）明确普惠金融差异化监管要求

《关于做好2018年银行业三农和扶贫金融服务工作的通知》明确涉农贷款、精准扶贫贷款不良率高出自身各项贷款不良率年度目标2个百分点（含）以内的，可不作为银行内部考核评价的扣分因素，并要求各银行业金融机构制定和完善涉农、扶贫金融服务尽职免责制度。

专栏三

农业农村部支持开展金融支农服务创新试点

为推动解决农业“融资难、融资贵、风险高”等突出问题，农业农村部自2015

① 原银监会于2015年提出小微企业金融服务“三个不低于”目标：小微企业贷款增速不低于各项贷款平均增速，小微企业贷款户数不低于上年同期户数，小微企业申贷获得率不低于上年同期水平。

年起连续四年支持各地农业农村部门、金融保险机构开展金融支农服务创新试点。四年来共安排试点资金3.3亿元，支持开展60个创新试点，覆盖28个省（自治区、直辖市），吸引地方配套资金近3亿元，撬动金融和社会资本投资超过22亿元，提供农业风险保障超过45亿元，探索形成了一批可复制、易推广的金融支农创新模式。

一是拓展信贷抵（质）押物范围。支持开展新型农业经营主体品牌、农业企业股权、农产品仓单、生物资产等抵（质）押试点。其中，上海通过对新型农业经营主体的农产品品牌进行价值评估，向金融机构申请无形资产抵押贷款，11家主体累计获得贷款6 800万元。

二是探索信贷风险分散机制。支持开展建立风险补偿金、担保风险金、贷款保证保险等试点，探索财政、银行、担保、保险等多方联动风险分担机制，引导和激励金融机构向新型农业经营主体提供无抵押、低成本、简便快捷的贷款。其中，安排资金3 100万元支持贵州毕节、湖南湘西、湖北恩施、内蒙古科右前旗等贫困地区开展金融扶贫创新试点，累计撬动银行贷款3.6亿元，带动超过6 000户贫困户增收。

三是开发多样化农业保险产品。支持开展气象指数保险、收入保险、“保险+期货”、耕地地力指数保险等试点，为解决传统农业保险存在的道德风险、逆向选择、保障水平不足等问题和农产品价格形成机制改革、农业绿色发展政策保障体系构建提供经验借鉴。其中，湖北水稻天气指数保险试点在9个试点县共支付赔款1 964.21万元，简单赔付率达166.62%。

四是拓宽多元化农业投融资渠道。支持开展互联网金融、大型农机具融资租赁、供应链综合金融服务、险资直贷等试点。其中，新疆开展的大型采棉机融资租赁试点，让农机合作社由“直接购买”变为“先租后买”，大幅度减轻一次性资金投入压力，有效促进了大型采棉机的推广，提升了新疆棉花机采率。

五是探索构建新型农业经营主体信用评价体系。支持开展信用评价体系构建创新试点，并与全国农业信贷担保体系、新型农业经营主体信息直报系统相结合，为探索构建大数据风控模型、建立符合新型农业经营主体特点的信用评价体系、解决制约农村金融发展的信息不对称等问题提供经验参考。

第三部分
农村金融重要改革

- 农村信用社改革
- 商业银行“三农”、普惠金融事业部改革
- 开发性、政策性金融机构改革
- 新型农村金融机构和组织发展
- 区域农村金融改革试点

一、农村信用社改革

2003年以来，农村信用社改革取得了积极成效。主要体现在农村信用社长期积累的历史包袱有效化解，系统性风险大大降低，资产质量和经营财务状况明显改善。截至2018年末，全国共组建以县（市）为单位的统一法人农村信用社802家、农村商业银行1 397家[①]、农村合作银行30家。农村信用社（包括农村商业银行、农村合作银行）成为名副其实的“支农主力军”，其各项贷款余额的60%投向涉农领域，提供了全国30%的涉农贷款和55%的农户贷款，对提升农村金融服务能力发挥了重要作用。

对照乡村振兴战略的要求，农村信用社还存在一些问题，表现在资本实力不强，治理结构不完善，风险控制能力偏弱，主动适应农村金融需求新变化、有效提高服务水平的能力不足。

下一步改革要牢牢把握“金融服务实体经济”的本质要求和市场化方向，将改革目标定位为使绝大多数农信社发展为积极服务乡村振兴、资本充足、治理完善、合规稳健的社区性现代金融企业。认真落实第五次全国金融工作会议和金融供给侧结构性改革的要求，下沉服务，做优主业，做精专业。在保持县级法人机构地位和数量总体稳定的前提下，因地制宜、依照市场化原则将农村信用社改革成为真正的竞争性市场主体，全面提升农村信用社资本实力、法人治理水平和为农服务能力。

专栏四

八家农商行“组团”破题新资本协议

我国是实施巴塞尔新资本协议的国家之一。农商行由于自身实力、人才资源有限，单独实施新资本协议要求的高级计量法等规定面临着重重困难。2011年，考虑到苏南八家农商行所面临的市场环境和客户群体大同小异，客户类型和经营模式相

① 截至2018年末，我国已组建农村商业银行1 474家，其中已开业1 397家，正在筹建77家。

似的特征，以及共同的管理精细化和转型升级的内在诉求。在监管部门的协调组织下，苏南地区的张家港农商行作为牵头行，包括常熟农商行、太仓农商行、吴江农商行、昆山农商行、无锡农商行、江阴农商行和江南农商行在内的八家农商行联合实施巴塞尔新资本协议，明确了苏南八家农商行联合建设新资本协议的总体方向，确定了“数据共享、自愿合作、优势互补、同步推进、成本分摊、立足实际”的联合建设原则，以及“除数据共享机制建设项目外，本着自愿原则参加联合建设”的合作框架。

项目建设主要分三个步骤：一是信用风险非零售内部评级项目投产运行。相关农商行已实现内部评级在授信准入、授信审批、限额测算、贷后管理等核心模块以及贷款定价、风险偏好等高级模块的应用。二是零售内部评级系统试运行，八家银行风险与资本管理即将全面步入量化管理时代。三是内部资本充足评估程序（ICAAP）项目稳步推进。目前，ICAAP项目正在开展资本充足率压力测试、主要风险识别与评估相关工作。

联合建设机制取得了以下五方面明显成效。

一是推动风险管理流程整合升级。各成员行抓住契机对内部治理架构、组织流程等进行了前瞻性考虑和优化，并加快了IT系统的整合和升级换代，为全面、精细化的风险管理打下了良好基础。同时，通过项目实施，相关部门和条线广泛参与，普及了风险量化管理语言，部分农商行自建和联建项目同步推进，启动了市场风险、操作风险相关项目。

二是促进数据治理机制逐步完善。通过对数据进行清洗、补录和整理，八家银行建立了相关数据定义、质量标准和管理流程，数据管理意识得到增强，数据标准得到规范，初步形成了数据管理体系，提升了数据质量。

三是强化风险量化管理理念。通过选派员工深度介入项目建设，组织开展多次专业培训，不断强化知识转移，在行内普及了风险量化管理理念和技术，员工对风险量化管理的接受度明显提升，必将有助于提高未来的实际应用效果。

四是节约开发建设成本。据测算，与单家银行开发相比，各成员行非零售内评咨询及系统建设节约成本70%，零售评级项目节约成本约80%，有效解决了小银行巴塞尔资本协议建设成本较高的问题。

五是初步形成风险管理骨干力量。在项目建设过程中，联合建设委员会办公室高度重视知识转移和培训，借助外部优秀资源，加强对八家银行董事会、高管层的业务培训，持续对业务操作人员开展专业培训。八家银行派出现场经理深度参与项目建设，不断加强实务操练，并保持人员相对稳定，逐步成长为农商行资本管理和风险管理的骨干力量。

专栏五

农村金融机构参加存款保险情况

2015年5月1日，《存款保险条例》（以下简称条例）正式施行。条例规定，在我国境内设立的商业银行、农村合作银行、农村信用合作社等吸收存款的银行业金融机构都应当参加存款保险。截至2018年末，全国投保机构4 017家，其中农村金融机构3 802家，具体包括农村商业银行1 377家、农村合作银行31家、农村信用社783家、村镇银行1 611家。

从存款保险覆盖的范围看，投保机构吸收的人民币存款和外币存款都属于被保险存款。但金融机构同业存款、投保机构高级管理人员在本机构的存款等除外。存款保险实行限额偿付，同一存款人在同一家投保机构的最高偿付限额为人民币50万元。截至2018年末，50万元偿付限额能够为全部投保机构99.56%的存款人提供全额保护，可以保障银行体系稳定运行。其中，农村商业银行为99.63%，农村合作银行为99.72%，农村信用社为99.74%，村镇银行为99.24%。

我国存款保险的保障水平较高，有利于增强农村金融机构的信用和竞争力，为其创造一个公平竞争和稳健经营的市场环境。同时，存款保险对不同经营质量的金融机构实施风险差别费率，并采取及时纠正措施，有利于风险的早发现和少发生，促进农村金融机构审慎经营和健康发展。

二、商业银行“三农”、普惠金融事业部改革

（一）农业银行“三农”金融事业部改革成效显著

2010年5月起，人民银行牵头推动农业银行开展深化“三农”金融事业部改革试点，

经国务院批准在2011年9月、2013年11月和2015年4月先后三次扩大试点范围后推广至农业银行全部县域支行。通过改革，农业银行“三农”金融事业部已有专门的、有别于城市业务的政策和运作模式，资源保障上也享受倾斜支持。2017年以来，农业银行按照中央部署持续完善“三农”金融事业部运行体系。

一是进一步优化了“专业部门+中后台管理中心”的事业部组织架构。农业银行总行增设“三农”渠道管理中心、“三农”互联网金融管理中心，形成了“三部+八中心”的组织架构，组织体系进一步健全，服务“三农”客户和基层行的能力进一步增强。

二是进一步做实了“六个单独”的事业部运行机制。在单独的信贷管理、考核激励和资源配置等方面给予倾斜。

三是进一步完善了“统一规划+分级研发”的服务创新机制。农业银行总行研发并推出了“惠农e贷”“惠农e付”“惠农e商”等一批特色产品。同时，进一步下放“三农”特色产品创新权限，扩大“三农”产品创新试点基地政策。

经历了试点、扩大试点、全面推开和进一步深化改革四个阶段，农业银行“三农”服务能力和水平明显提高。一是增加了农村金融有效供给。截至2018年末，农业银行县域网点12 605个，县域贷款余额4.01万亿元，较2010年末增加2.5万亿元，增长了1.66倍，快于农业银行整体贷款增速34个百分点。二是“三农”重点领域信贷支持力度明显加大。截至2018年末，农业银行农户贷款余额1.38万亿元，县域城镇化建设贷款余额6 627亿元，产业化农业龙头企业贷款余额1 494亿元，家庭农场和专业大户贷款余额达820亿元。三是农村基础金融服务水平持续提升。截至2018年末，农业银行累计发放惠农卡2.16亿张，在农村地区设立“金穗惠农通”工程服务点60多万个，在县以下布放转账电话、ATM、POS机等各类电子机具约86.5万台，代理新农保1 422个县，代理新农合931个县，代理涉农财政补贴及其他项目6 071个县，对行政村的服务覆盖率为74.2%。

（二）邮储银行“三农”金融事业部改革加紧推进

中国邮政储蓄银行“三农”金融事业部于2016年9月8日成立，第一批在内蒙古、吉林、安徽、河南、广东等五家分行开展改革试点。到2018年5月，邮储银行36家一级分行“三农”金融业务管理架构搭建完毕，基本建立省、市、县三级全覆盖的“三农”金融服务组织体系。按照“边界清晰、核算准确、权责明确、运转高效”的原则，构建总行

“三农”金融事业部、省级一级分部、地市级二级分部、县级营业部四级架构。

事业部总部内设5个专业部门[①]以及4个后台[②]支撑服务中心，建立了“七个相对独立+两个倾斜”[③]的运作机制。截至2018年末，邮储银行涉农贷款余额达1.2万亿元，同比增长13.9%。农户贷款余额9 702.35亿元，同比增长12.36%。

（三）商业银行普惠金融事业部建设取得积极进展

2017年5月，银监会等11个部委联合发布了《大中型商业银行设立普惠金融事业部实施方案》，推动大中型商业银行结合自身实际，构建专业化经营机制，发展形成各具特色的差异化普惠金融事业部模式。

工商银行、建设银行、交通银行搭建了垂直的条线化服务体系，农业银行建立“‘三农’金融事业部+普惠金融事业部”双轮驱动的服务体系，中国银行与中银富登村镇银行、中银消费金融公司形成了“1+2”的普惠金融服务模式。截至2017年6月末，5家大型商业银行普惠金融事业部完成挂牌，实现机构落地、人员到位、专人专岗。2017年9月底，全部185家一级分行设立了分部，6万余家支行及以下网点从事城乡社区金融服务。

截至2018年末，中信银行、光大银行、民生银行、平安银行、兴业银行、浙商银行、渤海银行、华夏银行等8家股份制银行已在总行设立普惠金融事业部。招商银行在总行零售信贷部下设立普惠金融服务中心。浦发银行成立了持牌小微专营机构。

各大中型商业银行逐步建立完善普惠金融综合服务、统计核算、风险管理、资源配置、考核评价机制。如5家大型商业银行提高年度综合绩效考核中普惠金融业务指标权重，安排专项激励费用，制定小微企业授信尽职免责办法，制订专门的普惠信贷计划，并对普惠金融重点领域贷款给予内部资金转移价格优惠，有效降低内部资金成本。

① 即小额贷款部（扶贫业务部）、农业产业化部、农村项目部、信贷管理部、政策与创新部。

② 即“三农”风险管理中心、“三农”资产负债管理中心、“三农”财务管理中心、“三农”人力资源管理中心。

③ 即相对独立的组织架构、相对独立的财务核算、相对独立的经营计划、相对独立的资本管理、相对独立的信贷管理、相对独立的风险管理、相对独立的绩效考核，以及倾斜的资源配置、倾斜的信息科技保障。

三、开发性、政策性金融机构改革

（一）国家开发银行

2015年3月，国务院批复国家开发银行深化改革方案，明确国家开发银行的开发性金融机构的功能定位，主要从事开发性业务，如新型城镇化、保障性安居工程、“两基一支”、支持“走出去”等。2016年11月修订后的国家开发银行章程获国务院批准，章程对改革方案提出的主要改革任务和措施进行了明确和细化。目前，人民银行正会同改革工作小组成员单位有序推动国家开发银行建立健全董事会和完善治理结构、划分业务范围等改革举措。其中，国家开发银行新一届董事会已于2017年11月6日成立并运转。截至2018年末，累计发放农业产业贷款2 946亿元。

国家开发银行创新普惠金融贷款模式，将国际先进微贷技术与中国国情相结合，针对融资难、融资贵的关键制约，研究探索出以管理平台筛选项目、统贷平台统借统还、担保平台提供担保、公示平台增强信息透明化、行业（信用）协会加强信用约束管理为核心的“四台一会”模式和方法，建立了以金融社会化理念为核心、以机制建设为基础的批发贷款模式，大力支持扶贫开发、创业创新、健康养老、“三农”等领域的中小微企业发展壮大。

（二）中国农业发展银行

2014年12月，国务院批复中国农业发展银行改革实施总体方案。2017年，银监会颁布《中国农业发展银行监督管理办法》（中国银监会令2017年第4号），并于2018年1月1日正式实行，要求农业发展银行坚持以政策性业务为主体开展经营活动，构建决策科学、执行有力、监督有效的公司治理机制，并结合自身业务特点构建全面风险管理和内部控制体系，强化内部问责。

农业发展银行坚守政策性金融定位、建立健全公司治理机制、实施分类管理分账核算、加强全面风险管理体系建设、加强信贷管理体系建设、加强内控合规体系建设、建立资本管理机制、健全激励约束机制和全面提升信息科技水平9大重点，确定了150项具体目标任务。业务进一步聚焦“三农”重点领域、薄弱环节和贫困地区。截至2018年末，粮棉油贷款余额18 566亿元，农业农村基础设施贷款余额25 992亿元，农业现代化贷款余额2 161亿元。

2012年以来，主要涉农银行业金融机构坚持服务“三农”的市场定位，不断加大涉农信贷投放力度，涉农贷款余额逐年稳步增加（见表3.1）。

表3.1 2012—2018年主要涉农银行业金融机构涉农贷款余额

单位：亿元

机构名称	2012年	2013年	2014年	2015年	2016年	2017年	2018年
农业银行	19 144.05	21 361.36	23 809.60	25 818.84	27 515.92	30 762.19	33 671.05
邮储银行	—	3 881.55	5 902.21	7 478.92	9 112.11	10 542.08	12 007.03
农业发展银行	21 462.77	24 658.22	27 424.30	33 884.75	40 143.39	45 427.85	48 343.35
国家开发银行（本外币合计）	7 651.35	8 821.68	9 976.95	11 045.68	12 572.19	15 566.73	16 902.43

四、新型农村金融机构和组织发展

（一）开展投资管理型村镇银行和“多县一行”制村镇银行试点

2018年，银监会印发《关于开展投资管理型村镇银行和“多县一行”制村镇银行试点工作的通知》（银监发〔2018〕3号）（以下简称《通知》），完善村镇银行市场准入政策，优化村镇银行投资管理模式和设立方式，有利于进一步提升村镇银行县（市、旗）覆盖面。

《通知》提出，具备一定条件的商业银行，可以新设或者选择1家已设立的村镇银行作为村镇银行的投资管理行，即投资管理型村镇银行，由其受让主发起人已持有的全部村镇银行股权，对所投资的村镇银行履行主发起人职责。旨在以投资管理行为载体，对所投资的村镇银行实施集中管理，以提升所投资村镇银行整体的可持续经营能力。

《通知》还提出，在中西部和老少边穷地区特别是国定贫困县相对集中的区域，可以在同一省份内相邻的多个县（市、旗）中选择1个县（市、旗）设立1家村镇银行，并在其邻近的县（市、旗）设立支行，即实施“多县一行”制村镇银行模式。通过采取“多县一行”制村镇银行的模式，降低村镇银行经营成本，进一步提高贫困地区金融服务的覆盖面和可得性，有效缓解贫困地区金融供给不足、服务不充分的问题。2018年9月，经国务院批准，在河北、山西、内蒙古、黑龙江、福建、河南、湖南、广东、广西、四川、云南、陕西、甘肃、青海、新疆等15个中西部和老少边穷且村镇银行规划尚未完全覆盖的省份启动首批“多县一行”制村镇银行试点。

截至2018年末，全国已组建村镇银行1 621家，其中65.6%设在中西部地区，村镇银行资产规模达到1.5万亿元，累计为658.5万家农户和小微企业发放贷款1 114.6万笔，累计发放贷款4.69亿元。全国已有1 286个县（市）核准设立村镇银行，县（市）覆盖率为70%。全国共有5大类型、295家银行机构作为主发起人发起设立村镇银行。其中186家农村合作金融机构共发起村镇银行941家，是近年来村镇银行培育发展的主要力量。

（二）给予小额贷款公司农村金融优惠政策

小额贷款公司以方便、快捷、灵活的经营方式和独特的技术手段，成为我国普惠金融体系的重要组成部分。2008年试点以来至2015年，小额贷款公司机构数量和业务规模扩张快、业态和资金投向多元化，在支持县域经济发展、服务“三农”和小微企业、提升金融普惠性、引导民间融资“阳光化”等方面发挥了积极作用。2016年以来，受实体经济不景气、经营管理偏粗放、风险防控能力弱等因素影响，全国小额贷款公司机构数量和贷款余额逐步减少。截至2018年末，全国共有小额贷款公司8 133家，比2015年末减少777家，从业人员约9万人，比2015年末减少2.6万人，各项贷款余额9 550亿元，全年减少190亿元。

为引导小额贷款公司在“三农”、小微企业等方面发挥积极作用，更好地服务实体经济发展，财政部、税务总局印发《关于小额贷款公司有关税收政策的通知》，贷款损失准备金准予在企业所得税税前扣除并对于其发放的农户小额贷款给予税收优惠政策。

五、区域农村金融改革试点

近年来，相关部门积极探索金融支持农村发展的新思路和新方法，人民银行牵头在浙江省丽水市、黑龙江省“两大平原”、吉林省以及四川省成都市等地开展农村金融改革试点，配合农业农村部在辽宁省海城市、河南省信阳市、浙江省温州市瓯海区以及浙江省海盐县等地开展以农村金融改革为任务的农村综合改革试验。各试点地区不断完善金融支农惠农政策体系，丰富农村金融供给主体，积极拓宽融资渠道，加强农村金融基础设施建设，取得明显进展和成效。

（一）构建多层次、广覆盖的农村金融组织体系，增加农村金融服务有效供给

一是加快存量金融机构改革步伐。持续推动农业银行、邮储银行“三农”事业部制改革，稳妥推进农信社改制组建农商行工作，继续发展村镇银行等小微金融机构，提升“三农”金融服务的覆盖率与渗透性。二是探索设立新型金融服务主体。吉林省设立东北首家民营银行亿联银行。四川省成都市设立四川新网银行、天府金融租赁公司、中垦融资租赁公司和彭州市旭力农村资金互助合作社等新型金融服务主体。黑龙江省成立全国资本金规模最大的农业信贷担保公司——黑龙江省农业信贷担保公司，覆盖了全省粮食总产量80%的地区。三是扩大便民金融服务站覆盖面。截至2018年末，浙江省丽水市建立农村金融服务站2 010家，累计为农户办理各项助农服务业务534.19万笔，金额30.49亿元。黑龙江省县及县以下农村地区银行网点达到3 400个，ATM5 411台，POS机5.99万台，助农取款服务点1.46万个。吉林省“联银快付”项目布放活跃终端2 736个，完成交易565万笔、金额330亿元，助农取款服务点1.26万个，基本实现有需求行政村全覆盖。四川省成都市加大自助银行、ATM、POS机、惠农终端等机具在农村地区的布放力度，建成乡镇金融服务中心282个、村级金融综合服务站2 679个。

（二）推进金融产品和服务创新，不断拓展涉农直接融资渠道

试点地区结合区域和产业特色，创新推出适合当地经济需求特点的金融产品与服务。黑龙江省推出农业产业链融资、“信贷+保险”、融资租赁等5大类20小项农村金融创新产品，截至2018年末，累计受益农户66.5万户，受益企业6 321户。吉林省推出农户联保贷款、小额信用贷款、农用机械按揭贷款、农机购置抵押贷款、农民合作社专项贷款等信贷产品，并稳步开展“期货+保险”创新试点。四川省成都市探索开展经济林木财

产权、农业生产设施所有权、养殖水面经营权、集体资产股权等多种农村不动产、动产抵（质）押贷款，截至2018年末，全市涉农贷款余额5 845亿元，较年初增加77亿元。浙江省丽水市积极推进农村“两权”抵押贷款试点，探索开展农村集体经济组织股权、农村水利工程产权、公益林补贴收益权等农村产权抵（质）押融资创新，截至2018年末，全市农村产权抵（质）押贷款余额达126.8亿元。

同时，试点地区积极支持涉农企业利用直接债务融资工具和多层次资本市场筹集资金，不断拓宽融资渠道。黑龙江省建立直接债务融资重点企业培育和储备制度，并积极推动涉农企业上市和新三板挂牌。截至2018年末，黑龙江省涉农企业债券融资余额为85亿元，同比增长61.9%，21家涉农企业在新三板挂牌。吉林省启动实施“上市驱动工程”“百千企业挂牌成长计划”，拓宽企业债券融资渠道。四川省成都市涉农企业通过各类债务融资工具融资220亿元。

（三）完善金融支农配套政策体系，优化农村金融发展环境

一是充分运用支农惠农政策工具。浙江省丽水市不断深化农村产权融资、农村信用体系建设、便农取款三大亮点工程，形成了信贷支农、信用惠农、支付便农的“丽水模式”。黑龙江省综合运用再贷款、再贴现、差别化存款准备金率等工具提供低成本资金来源，涉农金融机构按照支农再贷款利率加点幅度要求，合理确定涉农贷款利率。四川省成都市建立了政府风险分担、费用补贴、支农奖励的财政政策与人民银行货币政策互动融合的政策支持体系。吉林省在全国率先构建基础金融、物权增信、信用信息三大支柱和农村产权交易市场“三支柱一市场”运营体系，基础金融网点近1 300个，物权融资服务公司业务实现涉农县域全覆盖。

二是深化农村信用体系建设。截至2018年末，浙江省丽水市已为全市49万户农户建立了信用档案，覆盖全市所有行政村，共评定信用农户41.4万户，创建信用村962个、信用乡39个。黑龙江省推进县域信用信息中心建设，共采集入库119.5万户农户、8 953个农民专业合作社信用信息，共创建信用户112.6万户、信用村2 396个、信用乡镇211个。吉林省推进“数据库+网络”数据平台建设，为347余万户农户建立信用档案，共评定信用农户165万余户。四川省成都市通过“政府归集+平台采集+信用评定”，加快整合各类涉农信用信息数据，探索开展新型农业经营主体信用评定，实现173个信用乡镇、1 692个

信用村、4 693家新型农业经营主体信用信息入库。

三是完善农业风险分担机制。吉林省设立总规模8亿元的玉米收购贷款信用保证基金，并通过保险服务、风险补偿、贷款贴息等多种方式，有效分散农业生产风险，保障农村金融平稳运行。黑龙江省稳步推进17个“保险+期货”试点，业务模式由“保险+期货”模式拓展到“保险+期货+银行”和“保险+期货+现货”等多种模式，为粮食行业相关主体利用期货市场管理价格风险提供便利条件。推动6个“两权”改革试点县建立了担保基金、财政贴息、银保合作、第三方担保等信贷风险补偿机制。成都市建立了市—县两级涉农融资担保体系；全市开办政策性农业保险22种，实现保费36.72亿元，为农业生产提供2 876.7亿元风险保障。浙江省丽水市组建村级互助担保组织216家，截至2018年末，已累计为农户提供融资担保14.9亿元。

专栏六

成都夯实“农贷通”平台

成都市“农贷通”平台是集“普惠金融、财金政策、信用体系、产权交易、资金汇聚、现代服务”为一体的服务平台，具有涉农政策发布、信用信息汇集、融资对接入口、贷款审批、报表统计展示等核心功能的线上服务。平台坚持市场化发展方向，坚持线下线上服务相结合，促进市场化风险分担机制不断完善，各类正规金融机构及组织均可参与到平台建设中，各类服务面向全部农户和新型农业经营主体开放，在探索完善地方金融服务基础设施，引导金融资源支持农村发展方面进行了有益的探索。

一、多措并举，支农惠农政策有效整合

政府设立“农贷通”风险资金，按照规定的比例分别用于农村产权直接抵（质）押贷款、惠农担保贷款和信用保证保险贷款的风险分担。结合农业产业政策和发展规划，成都市对八类项目给予基准利率30%～80%的贷款贴息，目前已对241笔、3.2亿元贷款发放贴息422.87万元；各区（市）县人民政府结合本地实际和产业特色建立了“农贷通”平台支持项目库，截至2018年末，入库项目已达861个。整合农村产权抵押融资风险基金1.4亿元，用于农村产权直接抵（质）押、惠农担保和信用保证保险等三类贷款的风险分担。

人民银行配合运用支农再贷款和再贴现工具，引导金融机构精准投放涉农贷款，降低贷款成本，截至2018年末，已累计投放涉农贷款（含贴现）136.2亿元，其中支农再贷款带动涉农贷款投放超过48亿元。截至2018年12月末已有93家银行、保险公司、担保公司等机构进入平台，展示金融产品565个。“农贷通”系统注册用户12 000余户，发放贷款6 403笔、总金额达58.3亿元。

二、多方联动，农村信用体系建设持续加强

成都市整合分散在政府各职能部门、单位和金融机构的农业经营主体信用信息，连接农村电商实时获取新型经营主体交易信息，同时依托覆盖全部行政村的农村金融综合服务站采集其他辅助信息，探索建立起了以新型经营主体为主要对象的信用信息数据库，与市工商局信用信息全量实时传输，与市大数据电子政务系统、市房管局信息系统对接工作正在研发，与市国土局等部门建立了信息快速查询机制。通过村级服务站采集入库17.2万户新型农业经营主体（农户）信用信息。在此基础上，逐步形成成都农业经济大数据。

三、多头对接，农村产权交易及收储体系不断完善

在信用信息数据库基础上实现融资服务对接，并同步实现与成都市农村产权交易系统的互联互通，为风险抵贷资产提供市场化处置手段，积极解决融资环节前端对接渠道不畅和末端风险资产处置难的问题。截至2018年末，成都农村产权交易所和区县的子（分）公司全面建成，并已与省内16个市州和120个县（市、区）联网运行，累计实现各类农村产权交易891.6亿元。

随着“农贷通”平台应用不断深入，成都市农村金融服务水平不断提升。一是形成各具特色的信贷支持模式。“农贷通”平台重点支持了全市96个农业产业化发展基地，各区县形成了各具特色的信贷支持模式，支持对象涵盖了从小规模种植到产业化发展等不同规模的农业经营主体以及农村基础设施建设项目。二是农村地区普惠金融服务水平大幅提升。农村金融综合服务站、惠农终端等业务的开展，真正实现了“让农户少跑路或不跑路”，就近获得基本金融服务。三是农业农村融资成本大幅下降。通过人民银行货币政策工具引导金融机构定向投放涉农贷款（含贴现），获得支持的各类农业经营主体贷款加权平均利率低至5.56%。同时通过不同幅度的财政贴息、担保费或保费补贴等措施，进一步降低了农业经营主体融资成本。

第四部分
农村金融创新服务乡村振兴

- 农村金融服务创新政策引导
- 信贷产品与服务方式不断丰富
- 农业保险市场发展及产品创新
- 涉农直接融资发展及产品创新
- 涉农票据发展及产品创新

一、农村金融服务创新政策引导

人民银行等部门认真落实《中共中央　国务院关于深入推进农业供给侧结构性改革加快培育农业农村发展新动能的若干意见》（中发〔2017〕1号）、《中共中央　国务院关于实施乡村振兴战略的意见》（中发〔2018〕1号）、《乡村振兴战略规划（2018—2022年）》等决策部署，积极引导金融创新，加大对农业农村重点领域支持，全力做好农业供给侧结构性改革和乡村振兴金融服务。

一是大力支持农业高质量发展和城乡融合发展。探索开展大型农机具抵押、农业生产设施抵押、供应链融资等业务。加大对粮食收储、新型城镇化、农业对外合作等重点领域信贷投放。探索开发适应高标准农田建设和耕地占补平衡管理需求的金融产品。支持银行业金融机构创设基础设施收费权、特许经营权等担保贷款。支持收益较好、能够市场化运作的农村基础设施重点项目开展股权和债权融资。探索发行县级农村基础设施建设项目集合债。

二是深化农村产权融资创新。稳妥有序推进农村承包土地经营权、农民住房财产权、集体经营性建设用地使用权抵押贷款试点。探索县级土地储备公司参与农村承包土地经营权和农民住房财产权“两权”抵押试点工作。结合农村集体产权制度改革，探索利用量化的农村集体资产股权的融资方式。创新集体林权抵押贷款产品。

三是积极培育新型农业经营主体。国家通过财政支持、税收优惠和金融、科技、人才的扶持以及产业政策引导等措施，促进农民专业合作社的发展。支持龙头企业为其带动的农户、家庭农场和农民合作社提供贷款担保。建立新型农业经营主体生产经营直报系统并以其为载体开展贷款贴息试点。在粮食主产省开展适度规模经营农户大灾保险试点。

四是持续推进农业保险扩面、增品、提标。鼓励地方多渠道筹集资金，支持扩大农产品价格指数保险试点。探索建立农产品收入保险制度。稳步扩大“保险+期货”试点。发展保证保险贷款产品。采取以奖代补方式支持地方开展特色农产品保险。完善农业再保险体系和大灾风险分散机制。

五是深化农业投融资体制改革。国家发展改革委印发《关于深入推进农业供给侧结构性改革实施意见的通知》（发改农经〔2017〕452号），启动农业和林业领域PPP试点。鼓励社会资本以特许经营、参股控股等多种形式参与农林水利等项目建设运营，探索通过股权债权融资、资产证券化等多种方式拓宽农业融资渠道，支持符合条件的涉农企业发行债券募集资金用于现代农业项目建设。财政部、农业部联合印发《关于深入推进农业领域政府和社会资本合作的实施意见》（财金〔2017〕50号），提出重点引导和鼓励社会资本参与农业绿色发展、高标准农田建设、现代农业产业园、田园综合体、农产品物流与交易平台、“互联网+”现代农业等六大领域。为有效发挥示范引领作用，国家发展改革委、原农业部遴选公布了20个农业PPP试点项目，财政部将11个农业类项目纳入PPP示范项目。

专栏七

创新利用信息化手段
精准扶持新型农业经营主体发展

为探索解决对新型农业经营主体直接服务问题，农业农村部积极推动农业管理理念和治理方式创新，开发建设了新型农业经营主体信息直报系统（以下简称新农直报系统），并取得积极成效。

一是围绕新型农业经营主体发展痛点难点，搭建供需直接对接有效桥梁。目前，新农直报系统具备“信息直报”“记账本”“我要贷款”“我要保险”“我要服务”“我要培训”“我的补贴”“我要买卖”八大功能模块。对新型农业经营主体实行认证管理，并向服务机构筛选推送优质主体的有效需求；新型农业经营主体向农业农村部直报生产经营信息，直接向入驻机构申请预约服务；入驻机构点对点为新型农业经营主体提供信贷、保险等各项服务。

二是通过政策引导和市场运作，得到各方积极响应。地方农业农村部门、各类金融机构，特别是新型农业经营主体积极响应，用户数量大幅增加，各项服务加速落地。新农直报系统与家庭农场名录、合作社监测、规模养殖场直联直报等系统实现数据共享、信息互通。初步建立与全国农业信贷担保体系的信息对接渠道，探索通过互联网手段帮助省级农担公司发现客户、做大业务；建立与新型职业农民培训业务对接渠道，新农直报系统中有培训需求的主体可优先获得培训机会。截至2018年末，新农直报系统注册用户超过10万家，认证优质用户超过3万家，首批优选19家金融机构入驻，已上线124款为新型农业经营主体量身定做的金融产品。2017年以来，已有662多家新型农业经营主体通过新农直报系统成功贷款，贷款金额合计3.5亿元，户均54.12万元，平均利率7%，期限6个月至36个月不等，对成功获贷的主体，按照1%～3%的贴息率给予贴息。按照主体特征、产业类型等多个角度，初步搭建分析模型，区分主体类型、经营业务类型、经营土地规模、补贴情况对数据进行初步分析。通过连续几年的数据积累，可根据时间空间、横向纵向等更多维度进行大数据分析，为政府部门宏观指导和决策提供精准依据和参考。

三是完善利益联结机制，加快构建政府、农民、机构三方良性互动、互利共赢生态圈。遵循市场规律、调动多方积极性、实现共赢发展。农业农村部将进一步加大政策扶持力度，加快功能优化和资源整合，完善利益联结机制，不断增强新农直报系统的吸引力，将新农直报系统真正打造成“农民的APP”。

二、信贷产品与服务方式不断丰富

近年来，银行业金融机构围绕支持美丽乡村建设、新型农业经营主体、农业对外开放等领域，不断创新产品和服务。

（一）支持美丽乡村建设

改善农村人居环境，建设美丽宜居乡村，是实施乡村振兴战略的一项重要任务。目前全国还有近1/4的行政村生活垃圾没有得到收集和处理，80%的行政村生活污水没有得到处理，约1/3的行政村村内道路没有实现硬化。2017年中央一号文件提出“深入开展农村人居环境和美丽宜居乡村建设”；2018年4月，习近平总书记作出重要指示强调，“要结合实施农村人居环境整治三年行动计划和乡村振兴战略，进一步推广浙江好的经验做法，建设好生态宜居的美丽乡村”。

金融机构创新探索“银行贷款+风险补偿金”“政银保合作”“互联网+农村金融”“农业领域PPP”“开发性金融与绿色金融相结合”等多种模式，为绿色农业、田园综合体、水利建设、垃圾处理、新农村建设等项目提供资金支持。农业银行先后创新推出美丽乡村贷、治水专项贷、小城镇环境综合整治贷，累计投放贷款600多亿元，助力浙江美丽宜居乡村建设。2017年12月，农业银行浙江省分行以治水专项贷款为主要基础资产，在银行间市场创新发行了全国首单“绿水青山”专项信贷资产证券化项目，规模14.34亿元，为金融支持农村生态建设探索了新的路径。

专栏八

美丽乡村建设的示范案例——安吉县鲁家村

浙江省湖州市安吉县鲁家村以18个家庭农场为支撑，创造性地开展“公司+村+农场”美丽乡村建设经营模式，是全面振兴美丽乡村建设的一个缩影。

建设上整村规划、产业上整村发展，把田园式建设推向花园式建设。其核心是规划三合一，即村庄规划、产业规划、环境提升规划不单独进行，而是由广东设计团队统一设计，经相关部门和权威专家反复论证修改，确保村庄整体规划的全局性和独立性。无论是村庄建设、产业布局还是环境改善，都按照设计，一张蓝图执行到底。

以新机制、新模式、新主体带动新业态。2015年1月，鲁家村股份经济合作社建立了安吉乡土农业发展有限公司，注册资本3 000万元，将上级部门项目投资和美丽乡村建设补助资金全部转化为资本，持有乡土公司部分股份，其余股份寻求实力雄厚的旅游经营公司合作，最终确定为鲁家村股份经济合作社与安吉浙北灵峰旅游有限公司分别占股49%和51%，并确定了“公司+村+农场”的发展机制，具体分工是村统筹土地资源招引农场入驻，公司投资公共设施负责具体运营，农场自主建设不偏离总规划要求。三者在统一规划后由乡土公司统一经营，统一使用“鲁家村”品牌，最终实现了共建共营、共营共享、共享共赢，即“三统三共”模式，既壮大了旅游区整体实力，又实现了资源的有效整合。

以创意吸引投资、用资本带动创业。截至2018年末，鲁家村已将上级部门项目投资3 000万元和美丽乡村建设补助资金2 500万元全部转化为资本，预计2019—2020年还可获得上级1 000万元以上拨付资金。鲁家村2015年1月启动招商，到2017年4月，18家农场落地，共引入市场资本20亿元以上。在前期项目建设得到市场认可后，金融资本也相继介入，每个农场都获得本地银行支持，截至2018年末，已获取银行信贷和授信共计超过8 000万元。

以一产带动三产、由农场融合产业。在经营公司的串联下，旅游区形成了以生态观光农业园发展养殖、种植园为最主要的经营项目。在养殖品种中，采取限量养殖，引入市场销售情况较好、人人喜爱的特色品种。种植项目以引进速生、抗病丰产或外观奇特的观赏奇瓜异果等农产品。这种模式的利润和效益是普通种养业的5倍至10倍。

以机制分配利益、用利益激发活力。村集体、旅游公司、家庭农场主按照约定比例进行利益分配，村民再从村集体中享受分红，调动了各方的积极性。开创了“三农”共富新局面。2011年开始仅用6年时间，鲁家村村集体从年收入不足3万元增加到了2017年的335余万元；18家农场已完成投资4.5亿元，鲜花农场、蔬菜农场、万竹农场等实现了种养殖和观光农业结合提升；农民人均年收入从14 719元增加到35 615元，几乎实现全民就业，农家乐由原先的1家变为5家，申请建设民宿的三十余家。

2017年7月，村委会委托中介机构评估村级资产，全村资产达到1.45亿元，除去银行贷款、政府提前预支款等，每位村民的股权价值达1.98万元，与2014年的375元相比，村民股权增值近53倍。

（二）支持新型农业经营主体

培育多元化新型农业经营主体，是推动农业转型升级、提升农业整体竞争力的一项重大战略。为满足新型农业经营主体多样化的金融需求，银行业金融机构对经营管理比较规范、主要从事农业生产、有一定生产经营规模、收益相对稳定的家庭农场等新型农业经营主体，按照“宜场则场、宜户则户、宜企则企、宜社则社”的原则，简化审贷流程，确保其合理信贷需求得到有效满足。开发出“农民专业合作社贷款”“农业产业链贷款”等适合其金融服务需求的专属产品，推行“金融+产业联盟+合作社+农户”“金融+龙头企业+基地+农户”“龙头企业+合作社+农户”等贷款模式。

国家开发银行以服务农业龙头企业为主线，重点支持中粮、黑龙江北大荒、中化及上海光明等大型农业集团发展壮大，支持优质农产品生产种植基地建设、促进加工产业转型升级、树立民族产业品牌。农业发展银行通过批发转贷款、供应链金融等方式，支持种粮大户、粮食专业合作社等新型粮食主体发展壮大。中原农险推出新型农业经营主体专属的高保障保险，增加了三项针对性强的保险责任，即火灾、降雨量过低造成灌溉费用增加和倒伏导致收获费用增加责任。

专栏九

农业发展银行创新“现代农业产业化联合体”融资支持模式

为积极培育新型农业经营主体，努力实现小农户和现代农业发展有机衔接，促进农民持续增收。2017年以来，农业发展银行安徽省分行与安徽省农委及蒙城县委县政府合作，运用供应链融资理念，以发展现代农业为方向，积极构建以龙头企业为核心、农民合作社为纽带、专业大户和家庭农场为基础的紧密联盟，共同培育发展一批带农作用突出、综合竞争力强、可持续发展的农业产业化联合体。

一是精选试点地区和支持对象。农业发展银行安徽省分行深入考察全省农业产业化联合体，选定起步较早、数量较多、运营相对规范和政府扶持力度大的蒙城县作为创新试点地区，并在该地区选定了8家省级现代农业产业化联合体作为支持对象。

二是科学设计融资支持方案。强化“银政担企”四方合作，积极借鉴“供应链融资”模式，通过“统贷—分用—统还”创新支持现代农业产业化联合体发展。即由蒙城县人民政府主导成立的国有独资企业向农业发展银行申请贷款，并由其承担全部还本付息责任；贷款资金全部用于蒙城县8家现代农业产业化联合体和体内101家新型农业经营主体发展多种形式适度规模经营；首笔贷款金额2亿元，期限1年，采用抵押和保证组合担保方式，其中由承贷主体通过房地产提供贷款总额75%的抵押担保，由安徽省信用担保集团按照贷款额度的25%提供保证担保。

三是强化风险防控。为确保专款专用、避免企业盲目扩张和提高支农支小成效，承贷主体与各用信主体签订了反担保协议，要求各核心企业将有效资产全部抵押给该公司；安徽省分行也专门制定下发了融资方案和强化贷后管理的指导意见。

以该模式通过政府增信方式，联合体内101家新型农业经营主体不仅获得了融资支持，还直接降低融资成本约730万元。帮扶400个建档立卡贫困人口选择就近的公司就业，预计可带动人均增收13 200元，每100万元贷款能让每个贫困人口每年平均增收约66元。通过支持产业化联合体，龙头企业可以与各类新型经营主体构建连接紧密的利益共享机制，有效延伸产业链、提升价值链、拓宽增收链。

（三）支持农业对外合作及“走出去”

近年来，金融机构大力支持农业“走出去”、加强农业对外合作，培育具有国际竞争力的大粮商和农业企业集团，充分利用两种资源两个市场，取得重要进展。2018年，我国农产品贸易总额、出口总额和进口总额呈“三增”态势。农产品进出口额2 168.1亿美元，同比增长7.7%。其中，出口797.1亿美元，同比增长5.5%；进口1 371.0亿美元，同比增长8.9%；贸易逆差573.8亿美元，同比增长14.0%。

国家开发银行运用“投贷债租证”综合金融服务优势，支持光明集团收购英国第二大谷物食品生产公司、广垦集团海外橡胶种植、马拉维棉花收购贸易、首农集团并购英国樱桃谷鸭公司等一批重大农业国际合作项目，为中资企业提升国际竞争力、保障国家重要农产品安全提供了有力支持。截至2018年末，国家开发银行累计支持481个农业对外合作和农业“走出去”项目，发放贷款213亿美元，贷款余额47亿美元。

农业发展银行积极支持贸易项下和资本项下的农产品跨境交易，对于贸易项下的进出口业务，通过重点客户名单制管理、跨区域联合服务、占用第三方授信、适当延长融资期限等多种途径，大力支持企业进口谷物、植物油脂、豆类植物、纺织原料，弥补国内市场供应量和供应价格的不足。2018年，农业发展银行累计发放贸易融资及外汇贷款15.22亿美元。

三、农业保险市场发展及产品创新

作为全球最重要的农业保险市场之一，我国以“扩面、提标、增品”为重点，不断深化农业保险发展改革。

（一）农业保险制度不断完善

我国于2013年出台了《农业保险条例》，并于2016年进行了修订完善，对农业保险角色定位、支持政策、经营规则和监督管理进行规范。随后监管部门制定了市场准入、产品管理和承保理赔管理等配套细则，财政、税务等部门出台了保费补贴、税收优惠、大灾风险准备金管理等配套制度，我国农业保险制度框架体系逐步形成。中国农业保险再保险共同体于2014年成立，截至2018年末，成员公司达32家，提供再保险风险保障3 000亿元以上，有效确保我国农业再保险渠道稳定。持续推进全国农业保险信息管理平台建设，实现农业保险数据集中管理，推动农业保险大数据应用，提高农业保险信息化、规范化管理水平。

（二）农业保险组织体系进一步健全

我国已经基本形成了政策性保险为基础、商业性保险和互助性保险为补充的农业保险组织体系。全国共有33家保险机构开展农业保险业务，其中既有综合性保险公司，又有专业性农业保险公司、相互制保险公司和农业互助合作保险组织。多数省份已有3家以上的经营主体，初步形成适度竞争的市场体系。农业保险服务网点乡镇覆盖率达95%，村级覆盖率超过50%。我国已经成为全球第二、亚洲第一的农业保险市场。

（三）农业保险覆盖面进一步扩大

截至2018年末，农业保险承保农作物品种接近400种，农业保险已覆盖全国所有省份（自治区、直辖市），既有传统的成本保险，又有价格保险、指数保险、收入保险、“保险+期货”等创新型产品，基本涵盖了农林牧渔各个领域。截至2018年末，实现保费收入572.65亿元，同比增长19.54%；提供风险保障3.46万亿元，同比增长24%，较保费增速高出4个百分点。参保农户1.95亿户次，农业保险简单赔付率73.9%，继2016年之后，农业保险赔款继续超过各级财政补贴总额。福建等3个省简单赔付率超过100%，最高的内蒙古达141%。在夏秋季长江中下游地区强降水、两广“天鸽”台风等极端天气气候事件中，农业保险赔款成为灾后重建的重要资金来源。

（四）农业保险创新试点扎实推进

收入保险方面，江苏苏州、安徽金寨、江西余江、山东黄岛、河南信阳、湖南沅陵等地试点工作稳步推进。已备案19个省（自治区、直辖市）57款天气指数保险产品，标的涵盖玉米、水稻、小麦、花卉、茶叶、橡胶等农产品。“保险+期货”试点规模和区域不断扩大，目前已经扩大到20个省。“基本险 + 补充险 + 商业险”在安徽省黄山市黟县开展试点。2017年在13个粮食主产省、200个产粮大县启动大灾保险试点，将新型农业经营主体三大主粮作物保障水平由保物化成本提升至覆盖土地流转成本。2018年开始，在部分粮食主产省开展为期3年的水稻、玉米、小麦完全成本保险或收入保险试点，农业保险的保障水平进一步提高。

专栏十

三大粮食作物完全成本保险和收入保险试点

2018年8月28日，财政部、农业农村部、银保监会共同印发《关于开展三大粮食作物完全成本保险和收入保险试点工作的通知》（财金〔2018〕93号），推动保障水平在目前种子、化肥等物化成本和地租成本的基础上，进一步增加劳动力成本至覆盖全部农业生产成本或直接开展收入保险，迈出了我国农业保险由“保成本”向“保收入”的关键一步。试点按照“坚持自主自愿、体现金融普惠、发挥政策合力、鼓励探索创新”的原则开展，主要内容如下。

一是试点保险品种为完全成本保险和收入保险。完全成本保险即保险金额覆盖物质与服务费用、人工成本和土地成本等农业生产总成本的农业保险。收入保险即保险金额体现农产品价格和产量，覆盖农业生产产值的农业保险。保障对象为全体农户，既包括规模经营农户，也包括小农户。

二是试点期限暂定为2018年至2020年，共3年。试点保险标的为关系国计民生和粮食安全的水稻、小麦、玉米三大主粮作物。

三是内蒙古、辽宁分别选择4个玉米主产县，其中2个县开展完全成本保险试点，2个县开展收入保险试点。安徽、湖北分别选择4个水稻主产县开展完全成本保险试点。山东、河南分别选择4个小麦主产县开展完全成本保险试点。试点县名单按照中央标准由各省份自行确定。

四是试点经办机构应当公平、合理的拟定保险条款和保险费率，保险费率应按照保本微利原则厘定，原则上风险保费（含大灾风险准备金）不低于80%，费用附加不高于20%。试点产品不得设置绝对免赔，相对免赔不得高于30%。原则上，试点险种应将不低于20%的风险分保给中国农业保险再保险共同体。

五是在农户自缴比例不低于30%的基础上，中央财政对中西部地区和东北地区补贴40%、对东部其他地区补贴35%，取消县级财政保费补贴。同时，支持有条件的地区对建档立卡贫困户自缴部分保费给予减免。

开展完全成本保险和收入保险试点不仅有利于提高农业保险保障水平，而且有利于健全农业保险大灾风险分散机制，完善农业保险运行机制。

四、涉农直接融资发展及产品创新

（一）股票基金市场服务“三农”情况

股票融资方面，2017—2018年，首发上市涉农企业10家，融资69.82亿元；再融资企业9家，融资99.83亿元。截至2018年末，新三板挂牌的涉农企业累计达418家，上述企业2018年共完成55次股票定向发行，累计融资25.06亿元。

在私募基金方面。截至2018年末，在中国证券投资基金业协会备案的存续私募基金中，在投项目涉及农、牧、渔行业的私募基金有1 175只，基金规模5 293.93亿元；在投项目数量1 550个，在投本金806.23亿元。

（二）期货市场服务“三农”情况

近年来，我国农产品期货、期权品种不断丰富，品种合约制度不断完善。截至2018年末，已上市26个农产品期货、期权品种，覆盖了粮、棉、油、糖、林木、禽蛋等主要大宗农产品领域。在玉米、豆粕等品种引入做市商制度，完善玉米、棉花、苹果等品种交易交割制度，提升期货市场服务农业实体经济的深度和厚度。

“保险+期货”试点项目稳步扩大。2017年，上海、郑州、大连三家交易所投入1.11

亿元支持“保险+期货”试点项目75个，涵盖黑龙江、新疆、云南等12个省（自治区、直辖市），惠及11.86万户农户和211个合作社，覆盖面积262.70万亩，涉及现货规模88.55万吨。2018年，上海、郑州、大连三家期货交易所支持的“保险+期货”试点项目增至156个，较2017年翻一番。试点品种涉及玉米、大豆、棉花、白糖、苹果和天然橡胶等，承保现货277.8万吨，覆盖面积735.6万亩，惠及农民25.9万户。首次选取6个县开展“保险+期货”县域全覆盖试点（含国家级贫困县5个），共计为18.5万建档立卡贫困户提供了价格或收入保障。

（三）债券市场服务“三农”情况

交易所方面，2017—2018年，支持涉农企业发行公司债券14只，融资80.5亿元。

银行间债券市场方面，截至2018年末，累计有257家涉农企业（包括农林牧渔业、农产品加工业）发行1 553只、1.47万亿元债务融资工具（见表4.1），占债务融资工具累计募集资金的4.0%，品种包括中期票据、短期融资券、超短期融资券、定向债务融资工具等多种产品。2018年，涉农企业发行债务融资工具1 394.4亿元，年末涉农企业债务融资工具存量2 958.4亿元，发行量继续保持稳定。2017年以来，银行间市场进一步突出对脱贫攻坚、乡村振兴战略、保障性安居工程等“三农”重点领域的支持，农村保障性安居工程项目债务融资工具累计发行70亿元，支持3.57万余套农村住房建设与改造。

表4.1　截至2018年末涉农企业债务融资工具累计发行及余额

单位：家、只、亿元

发行品种	发行规模	发行家数	发行只数	期末余额
短期融资券（CP）	4 574.4	188	627	123.1
中期票据（MTN）	4 343.4	138	371	2 160.5
超短期融资券（SCP）	4 798.7	70	369	521.0
定向债务融资工具——一年期以内含一年期（PPN-CP）	316.4	29	80	5.0
定向债务融资工具——一年期以上（PPN-MTN）	630.5	52	106	148.8
合计	14 663.4	257	1 553	2 958.4

数据来源：NAFMII整理。

专栏十一

“订单农业+保险+期货”试点稳步推进

为落实2018年中央一号文件精神，探索“订单农业+保险+期货（权）”试点，大连商品交易所引导永安期货风险管理子公司（永安资本）联合人保财险、吉林云天化农业发展有限公司在吉林省公主岭市、松原市开展玉米“订单+保险+期货”试点。该试点在“保险+期货”价格险基础上引入了龙头企业，与投保农户签订订单合同，既保障了农民的售粮价格，又稳固了售粮渠道（见表4.2）。

表4.2 永安期货玉米“订单农业+保险+期货（权）”项目基本情况

要素	水平	备注
品种及数量	玉米2.2万吨（3.87万亩）	—
保障价格	1 727元/吨	其中0.5万吨目标价格为1 739元/吨；1.7万吨目标价格为1 723元/吨
保费	177.77万元（80.8元/吨）	农民自担的17.78万元保费由龙头企业吉林云天化承担
实际价格	1 672元/吨	2017年10月9日大商所c1801期货合约结算价
总体赔付	120.2万元	54.63元/吨×2.2万吨
附加创新模式	订单农业	龙头企业吉林云天化与合作社签订订单合同，按照“c1801+基差”与市场价中的高者作为收购价格

该试点的创新和意义主要体现在以下三个方面。

一是通过“订单农业+保险+期货（权）”帮助农民以合理价格售粮。该试点结合玉米现代农业产业化联合发展的新形式，创新性地引入龙头企业吉林云天化农业发展有限公司，尝试探索“保险+期货”与现代农业融合发展的模式（见图4.1）。试点中吉林云天化不仅与玉米合作社签订了订单合同，还承担一部分保费，说明在农业产业化发展链条中实现对农民利益的保护不仅是可行的，而且是可持续的。

二是通过订单农业灵活定价方式最大程度保护农民利益。在该项目的点价售粮环节中，农民在玉米价格上涨时可以通过期货基差点价的方式提前或延后确定玉米价格，获取价格上涨收益；如果基差点价价格低于玉米入库时实际市场价格，吉林云天化将按市场价收购。农民在订单农业的价格决定过程中享有选择权，也在一定程度上规避了订单农业中农民的信用风险。

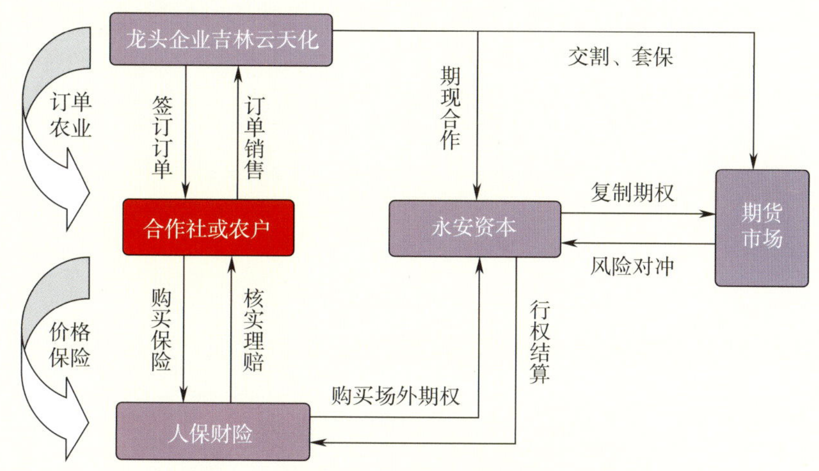

图4.1　永安期货玉米价格保险项目流程

三是通过期权组合策略在符合种植规律前提下降低成本。该试点项目采用熊市看跌期权垂直价差策略，投保人买入高执行价格看跌期权同时卖出低执行价格看跌期权，降低了场外期权成本。同时采用美式期权，行权更灵活。试点项目创新期权策略对降低成本具有典型意义。

五、涉农票据发展及产品创新

票据是“三农”重要的支付工具和融资工具。2016年12月成立的上海票据交易所（以下简称票交所）加强系统和制度建设，为票据市场参与者提供安全高效的基础设施功能，为票据市场服务“三农”提供保障。金融机构创新涉农票据产品和业务模式，切实服务“三农”发展。

（一）加强票据市场系统与制度建设

一是发布《上海票据交易所关于农信类机构接入中国票据交易系统有关事宜的通知》（票交所发〔2017〕11号）等一系列制度规则，有效便利了农村金融机构接入票交所系统，使其能够更加规范、安全、高效地开展票据业务，有力支持了“三农”发展。

截至2018年末，中国票据交易系统共接入农村金融机构会员2 170家、系统参与者16 651家。这些农村票据市场参与者将农村和偏远地区的企业同整个金融市场联系起来，充分发挥了票据市场支持“三农”和小微企业融资的作用。2017年全年，农村金融机构承兑业务量6 658.44亿元，占比4.55%。2018年全年，农村金融机构承兑业务量10 705.57亿元，占比5.86%；贴现业务量11 615.27亿元，占比11.68%；交易业务量80 752.42亿元，占比9.67%。

二是建设再贴现业务系统，为再贴现业务提供了高效、安全、便捷的电子化处理平台，实现再贴现业务的申请、受理、审批、合同签订、清算等全流程线上操作，显著提升了再贴现业务办理的效率和安全性，有助于中央银行更加精准、高效地发挥再贴现政策引导市场利率和优化资源配置的作用。

（二）金融机构积极创新票据产品和服务

北京农商银行简化票据业务办理流程，积极开发快贴产品，实现贴现业务的线上申请、自动审批、即时放款。并对涉农票据贴现业务在一般企业贴现利率基础上优惠5～10个基点（BP），切实降低涉农企业融资成本。常熟农商银行针对月末金融机构信贷规模紧张的实际，推行预约贴现额度的管理方式，优先安排额度满足“三农”、小微客户贴现需求。推出卖方付息、协议付息等贴现付息产品，为企业贴现融资提供灵活的付息方式。依托票据业务服务中心，实现票据贴现业务审批、放款等环节“一站式”办理。

（三）涉农票据发挥重要支付和融资作用

票据是“三农”重要的支付工具，具有远期支付、背书流转的功能，可以有效缓解“三农”企业资金周转困境，一定程度上解决货款拖欠和“三角债”问题。2018年全年，涉农企业纸质票据承兑量1 352.33亿元，占全部纸质票据承兑量比重为12.52%。

相比一般贷款，票据融资手续相对简便，是“三农”重要的融资工具。2018全年涉农企业纸质票据贴现量240.9亿元，占全部纸质票据贴现量比重为11.34%。

第五部分
金融精准扶贫政策与成效

- 金融扶贫政策措施
- 金融扶贫实践与成效

一、金融扶贫政策措施

我国高度重视金融扶贫工作，按照《关于打赢脱贫攻坚战三年行动的指导意见》（中发〔2018〕16号）部署，出台了《关于金融支持深度贫困地区脱贫攻坚的意见》（银发〔2017〕286号）等[①]多项金融扶贫政策，从信贷、直接融资等方面指导金融机构加大对深度贫困地区脱贫攻坚的金融支持。

（一）优化扶贫再贷款管理

2018年6月，中共中央、国务院印发《关于打赢脱贫攻坚战三年行动的指导意见》，提出“加强扶贫再贷款使用管理，优化运用扶贫再贷款发放贷款定价机制，引导金融机构合理合规增加对带动贫困户就业的企业和贫困户生产经营的信贷投放”。2018年9月，中国人民银行决定在总结前期试点经验基础上，优化扶贫再贷款管理。将优化运用扶贫再贷款发放贷款定价机制试点范围扩大至河南、云南等12个省（自治区），由试点地方法人金融机构按照保本微利原则、综合考虑贷款对象的风险状况等因素，自主确定运用扶贫再贷款发放贷款的利率水平。同时调整非试点地区运用扶贫再贷款发放贷款的利率政策，由不得超过中国人民银行公布的一年以内（含一年）贷款基准利率调整为不得超过中国人民银行公布的同期限（同档次）贷款基准利率。截至2018年末，全国扶贫再贷款余额为1 822亿元，同比增幅达12.74%。

① 相关政策文件包括《关于完善县级脱贫攻坚项目库建设的指导意见》（国开办发〔2018〕10号）、《扶贫项目资金绩效管理办法》（国办发〔2018〕35号）、《关于深入开展消费扶贫助力打赢脱贫攻坚战的指导意见》（国办发〔2018〕129号）、《关于推进网络扶贫的实施方案（2018—2020年）》（工信部通信〔2018〕83号）、《中央财政专项扶贫资金管理办法》（财农〔2017〕8号）等。

专栏十二

优化运用扶贫再贷款发放贷款定价机制试点成效初显

为贯彻落实国务院关于支持打赢脱贫攻坚战精神，引导地方法人金融机构扩大贫困地区信贷投放，降低社会融资成本，中国人民银行于2016年3月创设扶贫再贷款，支持贫困地区地方法人金融机构扩大信贷投放，借用扶贫再贷款资金发放贷款的利率不得超过中国人民银行公布的一年以内（含一年）贷款基准利率（目前为4.35%）。扶贫再贷款政策总体实施进展顺利，但贫困地区部分地方法人金融机构也反映，借用扶贫再贷款资金发放贷款的利差较小，难以覆盖贷款营运成本等，影响其实现健康可持续发展。为此，中国人民银行决定自2017年1月1日至6月30日，在郑州、昆明中心支行辖区内开展优化运用扶贫再贷款发放贷款定价机制试点，并明确试点原则、内容、目标、机构选择、时间安排、保障措施等。

试点坚持两个试点地方法人金融机构（以下简称试点机构）按照保本微利经营原则，合理确定运用扶贫再贷款发放贷款的利率水平，实现健康可持续发展，有效降低贫困地区社会融资成本。试点机构综合考虑贷款对象的风险状况等因素，自主确定运用扶贫再贷款发放贷款的利率水平，实行贷款差别定价，进一步推动利率市场化改革。

试点实现两个目标：一是有效增强试点机构借用扶贫再贷款积极性，提高贫困地区、贫困人口贷款可得性，扩大扶贫再贷款使用覆盖范围；二是有效提升试点机构运用扶贫再贷款发放贷款利率的科学定价水平，降低试点机构所在地区的社会融资成本。

从郑州、昆明优化运用扶贫再贷款发放贷款定价机制试点情况看，试点政策取得良好成效。一是试点机构在试点期间扶贫再贷款余额大幅增长，借用扶贫再贷款积极性增强。二是试点机构探索在扶贫再贷款利率、经营管理费、税费、目标利润等“基础定价因素”上，重点考虑抵押担保方式、带动贫困人口就业、政府风险补偿等因素，对企业和个人发放扶贫贷款的差异化定价模型，并开发贷款定价系统，提升贷款定价科学水平。三是试点机构运用扶贫再贷款发放贷款的利率虽有所上升，但仍明显低于其运用自有资金发放的贷款利率，而且试点政策推动低利率贷款规模扩大、比例上升，引导其全部贷款利率下降。四是试点机构运用扶贫再贷款发放的金融精准扶贫贷款申请满足率（贷款可得性）、对贫困人口（含带动贫困人口就业的企业）覆盖面有效提升。

（二）加大资本市场支持力度

资本市场以制度创新为动力，发挥证券期货行业优势，形成多层次、多渠道、多方位的精准扶贫格局。

一是支持贫困地区通过“绿色通道”发行上市。2017年1月，证监会与新疆维吾尔自治区人民政府签署战略合作协议，进一步明确新疆企业首发上市、新三板挂牌享受“即报即审、审过即发”绿色通道政策。截至2018年末，有12家贫困县企业通过绿色通道发行上市，募集资金共计 69亿元。

二是支持发行扶贫公司债券融资。对注册在贫困地区符合条件的企业发行公司债券和资产支持证券实行“专人对接、专人专审、即报即审”。同时，积极研究债券扶贫工作细化举措，拓展扶贫债券范围，支持注册地不在贫困地区的企业发行用于扶贫项目的扶贫专项公司债券和资产支持证券。2017年9月，全国首单国家级贫困县精准扶贫资产证券化项目——国金—阆中天然气资产支持专项计划在上交所发行5.25亿元，募集资金用于天然气高压站等扶贫项目工程。截至2018年末，扶贫公司债券发行 51只，金额245.8亿元；扶贫资产支持证券发行 15只，金额95.36亿元。

三是将扶贫纳入上市公司信息披露范围，引导上市公司强化扶贫担当意识。2017年底，证监会修订上市公司信息披露内容与格式准则，要求上市公司在年报和半年报中披露扶贫开发工作信息，鼓励公司披露精准扶贫规划、成效等方面信息，进一步提升上市公司的担当意识，压实上市公司的扶贫责任。

四是以产业扶贫为导向，支持证券期货交易所帮助贫困地区建立可持续发展机制。2017年12月，郑州商品交易所推出苹果期货，打通金融扶贫新通道，借助苹果期货的价格发现和避险功能，不仅帮助果农提前锁定收益，还有利于提高我国苹果产业规范化、标准化水平，推动“输血式”扶贫向“造血式”扶贫转化。深圳证券交易所与中国建设银行甘肃省分行联合推出“深银通”创新型信贷产品，提供5 000万元的帮扶资金作为风险补偿资金，在武山县筛选具有发展潜力的中小微农业企业进行增信和信贷支持。

（三）完善扶贫小额信贷管理政策

2017年，银监会与财政部、人民银行、保监会和国务院扶贫办联合印发了《关于促进扶贫小额信贷健康发展的通知》（银监发〔2017〕42号），针对扶贫小额信贷发展过程中存在的资金使用不合理、贷款发放不合规、风险管理不到位等苗头性倾向性问题提出完善措施。

一是坚持精准扶贫、依法合规。要求加强对扶贫小额信贷和贴息对象的审查，在县、乡、村三级公告公示，防止非建档立卡贫困户“搭便车”。贷款发放过程要符合法律法规和信贷管理规定，借款合同要明确贷款资金用途，坚持户借、户还，切实防范冒名借款、违规用款等问题。

二是坚持发展生产，推动长期受益。扶贫小额信贷精准用于贫困户发展生产或能有效带动贫困户致富脱贫的特色优势产业，坚持贫困户自愿和贫困户参与两项基本原则，使贫困户融入产业发展并长期受益，不能用于建房、理财、购置家庭用品等非生产性支出。

三是完善补偿机制，加强风险管理。要求风险补偿金要按规定及时拨付到位，专款专存、专款专用、封闭运行。科学合理确定风险补偿金放大贷款倍数，明确政府与银行业金融机构风险分担比例，不得将风险补偿金混同为担保金使用。加强贷款管理，对于贫困户参与的扶贫产业项目，要做到对建档立卡贫困户和产业项目双调查。稳妥办理无还本续贷业务，适当提高不良贷款容忍度。

二、金融扶贫实践与成效

金融机构积极落实各项扶贫政策措施，扶贫工作机制进一步深化，贫困村基础金融服务覆盖面逐步提升，结合贫困地区实际和自身业务特点，探索创新多种金融扶贫模式，不断提高贫困户金融服务的可得性和获得感。

（一）政策性和开发性金融机构

国家开发银行成立扶贫金融事业部，以专门机构、专业队伍、专家力量服务脱贫攻坚，提出“融制、融资、融智”的“三融”扶贫策略和“易地扶贫搬迁到省、基础设施到县、产业发展到村（户）、教育资助到户（人）”的“四到”工作思路。截至2018年末，累计发放精准扶贫贷款1.45万亿元。

农业发展银行在22个扶贫重点省份及相关二级分行和支行设立专门工作机构，实现了贫困地区政策性金融服务机构全覆盖；在服务领域上，突出支持易地扶贫搬迁，积极推进特色产业扶贫，支持贫困地区粮棉油收储、农业产业化经营和特色产业发展，集中资源支持四省藏区、南疆四地州等深度贫困地区；研发出台了光伏扶贫、旅游扶贫、教育扶贫、网络扶贫贷款等精准扶贫信贷产品，基本涵盖了脱贫攻坚的主要领域；实行办贷优先、规模倾斜、利率优惠、期限延长、门槛降低的差别支持政策。截至2018年末，农业发展银行精准扶贫贷款余额13 466亿元，较年初增加817亿元，占全行各项贷款净增额的18.07%。

（二）大型商业银行

2018年，农业银行制定出台了《关于全面做好乡村振兴金融服务工作的意见》，明确提出2018—2020年全行服务乡村振兴的目标任务、服务重点和政策保障。截至2018年末，全行精准扶贫贷款余额3 415亿元，较2017年末增加538亿元，其中832个国家扶贫重点县贷款9 239亿元，较2017年末增加1 088亿元。

邮储银行制定下发了《关于加大金融精准扶贫投入力度的通知》《关于落实金融支持深度贫困地区金融脱贫攻坚的实施意见》《关于助力打赢脱贫攻坚战三年行动的指导意见》等文件，将扶贫成效纳入绩效考核，给予扶贫贷款内部资金转移定价（FTP）五折优惠，制定差异化授信政策和风险管理政策，提升扶贫贷款风险容忍度。邮储银行与各地扶贫主管部门合作，针对建档立卡贫困户，大力发展扶贫小额信贷，用于扶持贫困户脱贫致富。在风险可控的前提下，适当放宽了建档立卡贫困户年龄准入要求。全力支持贫困地区基础设施建设，重点支持交通、水利、电力、电网、电信、易地扶贫搬迁等领域项目建设。如邮储银行广东省分行充分结合各级政府加强环保整治要求以及温氏股份升级建设“高效农场”的契机，成功研发温氏股份“环保高效农场”产业链小额贷款，大大缓解温氏养殖户在环保升级改造中的融资难题，累计放款6 450多万元；邮储银行宁夏分行以“好借好还”的小额贷款产品为切入点，形成了“蔡川模式”。

专栏十三

邮储银行宁夏分行助力脱贫攻坚的"蔡川模式"

宁夏固原市原州区寨科乡蔡川村地处六盘山特困地区，下辖5个自然村，是宁夏固原市的重点贫困村，建档立卡贫困户占比曾高达46%。邮储银行宁夏分行结合宁夏固原自然条件和产业特色，以"好借好还"的小额贷款产品为切入点，与村级组织合作，注重发挥致富带头人的信息、技术、市场优势，依托村级经济组织为贷款户担保，弥补普通农户缺乏抵押物的短板，建立村级经济组织、贷款农户和银行三方共担风险防控机制，实现有意愿贷款的农户应贷尽贷，形成金融扶贫"蔡川模式"。

"蔡川模式"主要是采取"金融+产业+致富带头人+贫困户"的组合，邮储银行提供生产经营资金，积极发挥蔡川村党支部、养殖大户的作用，扶持蔡川当地牛羊养殖特色产业，帮助贫困户脱贫。主要做法如下。

一是扶贫开发与小额贷款相结合。蔡川村山地较多，饲草优质，饲养的牲畜肉质细嫩鲜美，具有发展草畜产业的基础。但因缺少稳定的资金支持，产业发展始终原地踏步，甚至部分村民变卖牛羊外出打工。邮储银行宁夏分行以小额贷款为抓手，瞄准农户生产需求，创新联保方式，变5户联保为村干部、养殖能手等任意3户联保，用于黄牛育肥和肉羊繁殖。通过贷款发展生产，户均增收超过1万元。

二是采取"金融+产业+致富带头人"模式，弥补担保物短板。围绕地方政府产业扶贫工作重心，邮储银行宁夏分行着力推进"金融+产业+致富带头人"模式进村入户。充分发挥蔡川村党支部的战斗堡垒作用，以蔡川村"村两委"和致富能人为引领，支持组建了金羚牲畜养殖专业合作社，为社员提供品种选育、养殖技术、市场销售等服务。合作社成员由成立初期的5人发展到现在的382人。同时，采取"大户保小户，富裕户保贫困户，村干部、养殖能手任意保三户"的担保模式，形成了"小贷跟着穷人走、穷人跟着能人走、能人跟着产业走"的良性发展格局。

三是开展信用体系建设。邮储银行宁夏分行联合乡政府、"村两委"，利用农村熟人社会信息敞开优势和互相监督机制，共同对蔡川村和村民开展信用评价体系建设。分A、B、C三个信用等级，信用等级根据贷款使用情况，可逐年升高。邮储银行对信用等级较高的信用户给予优惠，如A级可授信8万~10万元，贷款期限由1

年延长至2年，给予信用户贷款利率优惠，增加按周期结息、一次性还本还款方式等。截至2018年末，蔡川村超过80%的农户都达到了A级，蔡川村被评为邮储银行宁夏分行“信用示范村”。通过建立信用体系，不仅有利于贫困户持续性获得贷款，更有利于提升乡村诚信意识。

邮储银行宁夏分行实现了“输血式扶贫”向“造血式扶贫”的转变。2008年至2018年，累计发放贷款3 104笔、1.22亿元，累计帮助蔡川村253户，1 238人实现脱贫，蔡川村也于2016年底实现整村脱贫销号。截至2018年末，“蔡川模式”使该村人均纯收入从不到2 000元增加到9 100元，村民几乎都住上了红砖瓦房，用上了手机、电视等现代科技产品，乡村面貌焕然一新，取得了“造血式”扶贫的良好成效。

（三）地方法人金融机构

农村金融机构在精准扶贫中起了不可替代的作用。以广西为例，2015年底广西建档立卡贫困人口达452万人，贫困人口发生率为10.5%，高于全国平均水平4.8个百分点，脱贫攻坚任务艰巨。自治区农村信用联社督促全区农合机构有效推进金融精准扶贫工作。一是按时完成全区除低保户外的103万户贫困户的建档和评级授信“两个全覆盖”，为扶贫小额信贷投放奠定基础。二是出台贫困农户小额信用贷款评级授信管理办法，创新贫困户评级授信标准，简化评级指标，贫困户评级指标从原来的10多个简化到目前的信用状况、人均年净收入、家庭劳动力等3个。三是创新金融精准扶贫模式，加大加快扶贫小额贷款投放。截至2018年末，全区农合机构累计向3.15万户贫困户发放贫困户贷款21.42亿元，贫困户贷款48万户，贷款余额230.81亿元。其中，扶贫小额信贷44.83万户，贷款余额204.13亿元，占全广西扶贫小额信贷的99%以上。

（四）银行间债券市场创新

中国银行间市场交易商协会组织市场成员探索建立市场化扶贫融资渠道，创新推出扶贫票据，推动脱贫攻坚与乡村振兴有机结合相互促进。扶贫票据是发行人将一定比例的募集资金用于精准扶贫，且具有专项标识的债务融资工具。首批扶贫票据于2017年3月发行落地。截至2018年末，扶贫票据累计发行26期276.5亿元，涉及14个省（自治区、直辖市）20家企业，存续21期222.5亿元。募集资金主要用于贫困地区产业扶贫及高速公路等精准扶贫项目，可带动近100个贫困县的扶贫工作。

专栏十四

扶贫票据产品支持农村发展典型案例

案例一：依托扶贫票据，改善农民生活居住水平

2018年4月4日，云南省能源投资集团有限公司发行10亿元扶贫短期融资券，期限1年，票面利率4.98%，由中国银行主承销。募集资金中3亿元用于补充国家级贫困县云南省昭通市威信县煤电一体化项目所需运营资金。

威信煤电一体化项目是当地电力保障的重要基础设施。通过充分发挥煤电一体化的产业链优势，带动当地物流、煤炭、石灰石、建材（粉煤灰利用）等产业发展，在用工招聘中优先考虑贫困农民，通过煤电一体化电厂及观音山煤矿等配套项目吸纳400多建档立卡贫困人口就业，就业岗位主要为煤矿采矿工、支护工和运营保障人员，使受益贫困农户年均增收12 000余元。同时，发行人与当地政府合作，积极整合培训资源，根据当地的务工需求和市场信息，为贫困农户提供相关岗位培训，多渠道促进贫困农户就业。通过建立山区特色养殖基地、协调县镇专业人员指导，带动1 479人次贫困农户饲养西门塔尔牛、凉山黑猪和生态土鸡等山区特有品种；通过与部分贫困农户签订供应协议，联系拓展销路，确保销售的稳定和持续，贫困农户人均每年增收7 000余元。

为解决村民出行不便问题，改善村容村貌，发行人改建了威信县40公里二级公路，建设了煤电一体化进场公路和修建了大落脚村到金竹村13.4公里二级公路，同时新修桥梁一座，极大地改善了当地的交通条件。

案例二：依托扶贫票据，助力农村现代畜牧业产业化发展

江西正邦科技股份有限公司扶贫中期票据，于2018年1月25日注册10亿元，拟首期发行6亿元，由招商银行股份有限公司主承销，其中2亿元拟用于贵州省黔南州三都县“福猪工程”规模养殖场（养殖小区）建设。

发行人“福猪工程”采用“政府+公司+农户”模式运作，在三都县各贫困乡镇建设不同规模养殖场39个。通过政府引导贫困农户加入企业的生猪产业发展联盟；通过发行人“五统一”（即统一提供仔猪、统一提供饲料、统一提供养殖标准、统一提供技术服务、统一回收肥猪）的支持，实现“产、供、销”一体化；企业再与县、乡镇、村签订合作合同，与有发展意愿的农户尤其是建档立卡贫困农户签订代养或入股合作协议，盈利后由养殖场拿出部分利润分红给予当地没有劳动力的贫困农户。三都县政府文件显示，预计该项目每年直接受益（就业脱贫+分红脱贫）贫困人口约2万人，占当地人口总数的5.10%；项目涉及6个镇1个街道办事处，预计年出栏生猪88 600头，年产值1.66亿元，扶贫户每人年均受益500元以上。

该项目因地制宜推进当地畜牧业产业化水平，对推进当地农村现代畜牧业发展，夯实当地农业产业化质量水平，壮大农村经济发展，将起到积极的推动作用。

案例三：依托扶贫票据，助力农村基础设施提档升级

贵州高速公路集团有限公司分别于2017年9月27日、11月23日和2018年8月29日成功发行15亿元、10亿元和20亿元扶贫中期票据，期限均3年，发行利率分别为4.8%、5.4%和4.89%，由国开行主承销。三期中期票据募集资金全部用于偿还扶贫高速公路项目银行借款和企业债券。三期专项扶贫票据募集资金支持的扶贫高速公路项目直接惠及大方、惠水、贞丰、兴仁等15个国家级贫困县，高速公路项目经过地区的贫困人口数占总人口数之比达14.6%，受益建档立卡贫困人口146.1万人，并将辐射带动周边五省及武陵山、乌蒙山、滇黔桂3个国家级集中连片特困地区。通过改善农村公路建设，推动城乡互联互通。例如，六镇高速公路起点于六枝特区那玉村，终点位于镇宁县的杨家山，全长45.07公里。六镇高速公路的实施使六盘水市地区形成一条东西方向运输主动脉，是六盘水连接安顺、贵阳和东部沿海城市的快速通道，对于优化地区的路网格局，促进区域资源合理开发，带动沿线旅游、矿产资源开发，充分发挥高速公路网的整体效益具有重要作用。

第六部分
普惠金融发展

- 中国普惠金融指标分析
- 普惠金融示范区建设
- 金融科技在普惠金融中的应用
- 普惠金融的国际合作

一、中国普惠金融指标分析

2016年12月，中国人民银行下发《中国普惠金融指标体系填报制度（试行）》及《中国普惠金融指标体系》。《中国普惠金融指标体系》注重将国际性、前瞻性和体现中国特色相结合，包含金融服务的使用情况、可得性、质量3个维度共21类51项指标，其中大部分指标数据来源于现有统计系统，有8个指标通过问卷调查向消费者采集。

根据中国人民银行发布的《2017年中国普惠金融指标分析报告》，我国普惠金融稳步发展，金融服务可得性、使用情况、质量进一步改善，传统金融产品和服务已广泛普及，信息技术发展正深刻改变着普惠金融的发展方式。

金融服务使用情况逐年提升。银行结算账户和银行卡广泛普及，全国及农村地区人均持有量平稳增长，总体上实现了“人人有户”，活跃使用账户稳步增加；企业法人单位银行结算账户数量平稳增长，银行账户服务效率明显提高；电子支付发展迅速，使用普及率较高，农村地区60%以上的成年人使用过电子支付；非现金支付业务量平稳增长，移动支付业务量继续较快增长。近半数成年人购买过投资理财产品；普惠领域小微企业贷款稳步增长；保险密度、保险深度稳步增加。

金融服务可得性不断改善。银行网点已覆盖绝大部分乡镇，每万人拥有的银行网点数略有增长，助农取款服务点已基本实现行政村全覆盖；受理市场环境不断完善，全国每万人拥有的ATM和POS机具数稳步增加。

金融服务质量稳步提高。金融知识水平小幅增加；金融消费纠纷非诉解决机制建设全面铺开，投诉受理量平稳增长，投诉办结率超过九成；农户、小微企业信用贷款比例持续提升；信用建设稳步推进。

同时，我国普惠金融发展中也存在金融资源配置不均衡、金融基础设施建设有待加强、金融素养有待提升、商业可持续性有待提高等问题，特别是边远地区普惠金融服务仍亟待加强；数字金融迅速发展，“数字鸿沟”现象值得关注，消费者权益保护面临挑战；普惠金融相关配套政策和机制有待完善；对创新创业和弱势群体的金融支持力度不够；普惠金融发展中的风险防范等问题需要关注。

二、普惠金融示范区建设

中国人民银行、银保监会按照国务院部署，加强中央和地方联动，推进河南兰考县等普惠金融改革试验区和示范区建设，探索普惠金融发展经验，取得初步成效。

宁波市以融资服务、支付服务为两条主线，全力优化普惠金融信用信息服务、普惠金融（移动）公共服务、助农金融服务三大平台，逐步实现融资服务、支付服务、风险防控和金融知识教育的全覆盖，有效提升了金融服务的覆盖面、可得性和满意度。一是加快数字普惠金融产品和服务方式创新。大力推广网络电子化信贷产品，为小微企业提供全流程、自助式在线融资服务。二是拓宽普惠金融融资渠道。积极参与民企债券融资支持工具试点，在全国率先推动宁波富邦控股、奥克斯两家民企发行债务融资工具。三是建设普惠金融信用体系。与金融机构、政府部门及社会公众共建共享，打造覆盖全部普惠群体政务、商务和金融全领域信息的普惠金融信用信息服务平台，采集入库各类信息2.5亿条，覆盖了全市92万户中小微企业、75.4万户农户、5.2万名低保人员和1.5万名产业工人。通过普惠金融信用信息服务平台互联网客户端，实现全市34万家有CA证书的小微企业融资需求与金融服务对接。四是开展普惠金融保险创新。依托国家保险创新综合试验区，大力发展保险类创新产品60余项，居全省第一位。五是建设数字普惠金融支付服务体系。实现农村数字支付体系，助农金融服务点覆盖全部3 043个行政村。六是构建数字普惠金融风险防控体系。利用宁波金融风险“天罗地网”监测防控系统，实践“互联网大数据+网格化系统数据”风险排查模式，探索构建金融风险防控领域的跨部门合作治理机制。

专栏十五

宁波小额贷款保证保险

2009年9月，宁波在全国率先推出了小额贷款保证保险（以下简称小贷险），截至2018年9月，小贷险累计为2.2万多家次小微企业、城乡创业者等提供“无抵押、无担保”的信用贷款178.9亿元；保费收入4.4亿元，赔付金额3.3亿元，探索出了一条破解“三农”、小微企业融资难的普惠金融发展路径。

宁波市小贷险主要支持农业种养大户（包括农村经济合作社）、初创期小企业和城乡创业者。贷款所获资金只能用于生产性用途，不得用于消费及其他用途。获得贷款的自然人或法人连续三个月完全未履行《借款合同》约定的偿还利息义务，或《借款合同》到期后30日投保人仍未履行偿还贷款本金的义务，保险公司按照保险合同的约定向发放贷款的银行赔偿剩余的贷款本金。借款人为投保人，银行为被保险人。

小贷险是一种融资信用保险，投保人通过向保险公司投保小贷险，无须额外抵押或担保就可以向银行申请小额贷款，若投保人未能按期履行还款义务，保险公司根据相关协议负责向银行赔偿投保人未支付的贷款本金及相应利息。自然人的基础费率为2.4%，法人的基础费率为2.5%，2011年初基础费率下调为1.8%。保险期限最长为一年。

小贷险采取了六方面的风险防范措施。一是控制贷款额度和规模。单户贷款金额根据借款人风险水平初期分为10万元、30万元和100万元三档，2011年调整为50万元、100万元、300万元。二是银保风险共担和政府超赔基金。初期市政府建立1 000万元的风险基金，对保险机构赔付率超过一定比例后的部分进行补偿。银行与保险机构按3∶7的比例分摊贷款风险。从2015年起，新增2 800万元业务专项奖励。三是核保决定权和贷款风险叫停机制。保险机构拥有放贷的一票否决权，并在贷款逾期率达到10%或赔付率超过150%时，停办此项业务。四是借款人失信惩戒机制和欠款追讨机制。欠款信息和欠款人名单将进入人民银行征信系统。司法机关开辟“绿色通道”，加大打击力度，适用简易程序，优先执行；公安部门及时立案、侦办借款人恶意骗贷行为，依法追究刑事责任。五是由人保、太保宁波分公司共同组建共保体，按照6∶4的共保比例共同承担相应的业务责任。共保体成立运营团队，实行专管专营，采取独立核算、封闭运作、统一受理、集中办公的经营方式。六是建立贷后风险跟踪机制。成立风险管理部，采取分级风险监测手段，加强资金运用跟踪，及时防范风险。

小贷险具有鲜明的普惠性特征。一是选择资金需求最迫切、最缺乏融资渠道的三类群体作为保障对象，其中初创期小微企业，支持贷款金额最高为300万元；农业种养大户支持贷款金额最高为50万元；城乡创业者支持贷款金额最高为100万元。二是突出无抵押、无担保和小额低率特色，融资成本为保险费率加贷款利率，年化成本平均约为10%，明显低于企业在小额贷款公司和担保公司等其他渠道的融资成本。三是服务流程方便快捷，符合普惠金融强调的“服务可得性”特点，银行和保险机构在业务受理、尽职调查、风险审核、欠款追偿等环节无缝对接，贷款主体只需向银行或保险机构一次性提出申请，5个工作日内即可获得贷款。

青海省推出扶贫普惠、网络普惠、信用普惠、绿色普惠、保险普惠和金惠工程六大工程。深化“信用户”“信用村”“信用乡（镇）”“信用县”建设，完善贫困户信用修复机制，构建整村履约增信机制。推动中小微企业信用建档工作，深入开展信用培植工程，“信用普惠”提高金融服务渗透性，逐步形成具有欠发达民族地区特色的“青海模式”，助推青海经济社会持续健康发展。截至2018年末，青海省金融精准扶贫贷款和小微企业贷款余额分别为1 163.43亿元、1 382.65亿元，较试点前分别增长54.33%和74.52%。

陕西省宜君县紧紧围绕“创新金融产品、普及金融教育、完善基础设施”三大主题开展示范区建设。按照“接地气、服水土”的原则，金融机构推出“果易贷”“青山贷”“康复贷”“惠农易贷”等20多种信贷产品。这些产品核定方便，随用随贷，解决以往农户贷款不符合农产品周期需求、贷款利率高等问题，满足地方特色产业发展的资金需求。全国首单苹果“保险+期货”、铜川市首单玉米“保险+期货”在宜君相继落地。截至2018年末，宜君县共建成普惠金融综合服务站13个，乡镇级覆盖率达到100%；建成惠农支付服务点227个，行政村覆盖率达到100%；智能终端设备村级覆盖率100%，实现了“基础金融不出村、综合金融不出乡镇”。自主设计“宜君指数”反映普惠金融发展情况，该指数由2015年末的18.40上升到2018年末的52.93。22条经验在陕西全省推广，世界银行将宜君县纳入普惠金融全球倡议（FIGI）中国项目试点。

甘肃省临洮县采取政策扶贫、特色扶贫、文化扶贫等多项措施推进普惠金融建设。形成了“县有金融办、乡有工作站、村有工作室”的三级金融工作网络，组建成立了322个村级精准扶贫富民专业合作社，推动普惠金融工作落到实处。**和政县**采取金融扶贫、智力扶贫、教育卫生扶贫、基础设施扶贫等多项措施，积极鼓励引导机构下沉网点和优化服务，完善“惠农通”、村级便民金融服务点，加大对县域、乡镇及空白金融服务行政村的“四融”平台等各类电子机具布防，全面提高金融服务的覆盖率、可得性和满意度。

河南省兰考县按照国务院批复的方案，探索以数字普惠金融为核心的实践路径。开发“普惠金融一网通”服务平台，建立“四位一体”“分段”分担风险机制，创新“宽授信、严启用、严管理”的普惠信贷管理模式，实施“信用信贷相长”行动计划，实现普惠金融服务站与党政群服务中心协同办公。充分运用科技赋能，于2017年10月推出“普惠通”APP。在APP上加载账户服务、贷款授信、理财、保险、证券、缴费支付、惠农补贴、金融消费权益保护等服务，打造一站式线上“金融超市”。普惠金融主要指标明显改善。自主设计的普惠金融发展指数由2015年末的0.26上升到0.43，在河南省107个县（市）中排名第1，较2015年末上升22位；其中金融服务覆盖面、可得性、满意度指标排名分别较2015年末提升7位、82位、35位。

专栏十六

河南省兰考县探索可持续普惠授信业务

传统小额信贷强调先有信用记录，再根据信用评级给予小额信贷资金供给。但对于欠发达农村地区，大部分农民因抵押担保匮乏，难以获得银行正规信贷服务，银行信用信息记录空白，普及小额信贷难。兰考县普惠金融改革试验区立足农民实际，变革传统信贷流程，探索“先信贷后信用”的服务模式，研发推广普惠授信贷款产品，纾解农户小额生产资金难题。产品具有五个基本特征：一是坚持普惠原则。对农户全部授信，授信额度为每户3万元（现已提升至5万元）。二是强调“好人”品质和生产性用途。借款人必须无不良信用记录，无违法、犯罪记录，无不良嗜好，具有良好的思想道德品质。贷款只能用于法律许可且符合国家产业政策的生产经营活动。三是贷款低成本。贷款年利率最高不得高于6.75%，还款方式为按月付息、到期还本。四是贷款期限活。“一次授信、三年有效、随借随还、周转使用”。五是激励守信户。授信额度随信用级别的上升而上升，并对恶意违约农户采取联合惩戒，实现信贷信用相长。截至2018年12月末，普惠授信产品已授信10万余户，签订贷款合同9 226户、3.88亿元，发放贷款6 117笔、2.28亿元。带动发放各类农户贷款2.37万笔、23.89亿元。

为化解普惠金融推进过程中的贷款风险，兰考试验区设计了包括贷款风险分段分担和违约惩戒的风险处置机制。在风险分段分担方面：1.县政府牵头主办银行、主办保险机构、主办担保机构成立兰考县普惠授信资产管理领导小组，专项负责普惠授信的风险处置。2.建立普惠授信熔断机制。村逾期率超过（含）5%时，不再对该村新增授信；乡（镇）逾期率超过（含）4%时，不再对该乡（镇）新增授信。经不良资产处置，逾期率低于相应熔断点时，经兰考县普惠授信资产管理领导小组同意后，应重启新增授信。3. 建立银行、风险补偿金、保险、担保参与的，分段计算的风险分担机制。分担机制为：（1）不良贷款率≤2%时，不良贷款损失由主办银行全部自担；（2）2%<不良贷款率≤5%时，对于超出2%的部分，银行承担20%，风险补偿金、保险、担保共担80%；（3）5%<不良贷款率≤10%时，对于超出5%但未超出（含）10%的部分，银行承担10%，风险补偿金、保险、担保共担90%；（4）不良贷款率>10%时，对于超出10%的部分，全部由风险补偿金、保险、担保共担。不良贷款率以全县为统计口径、按年统筹核算，风险补偿按季度补偿、按年平衡。不良贷款率核算方法由兰考县政府牵头主办银行、主办保险机构、主办担保机构协商确定。

三、金融科技在普惠金融中的应用

近年来，以移动互联网、云计算、大数据、人工智能、区块链等为代表的网络信息技术不断取得突破，金融科技应用加速深化，能够有效降低金融服务门槛和成本，消除物理网点和营业时间限制，破解普惠金融服务“最后一公里”问题，使欠发达地区、农村地区、小微企业、低收入人群等能够获取价格合理、安全便捷的金融服务。

（一）数字技术广泛应用

中国互联网金融协会调查数据显示，样本银行业金融机构在普惠金融服务中应用移动互联网、大数据、云计算和生物识别技术的比例分别达到了91.43%、71.43%、48.57%和31.43%，在区块链和物联网技术方面的应用比例分别为17.14%和5.71%。中国银行研发了基于区块链技术的电子钱包，并成功将区块链技术应用于“公益中行”精准扶贫平台。2017年，中国工商银行与贵州省贵民集团联合打造脱贫攻坚基金区块链管理平台，通过银行金融服务链和政府扶贫资金行政审批链的跨链整合与信息互信，凭借区块链技术难篡改、可溯源特点，实现扶贫资金的透明使用、精准投放和高效管理。农业农村部为了推进以“信息知识+智能装备”为特征的数字农业建设，2017年和2018年分别安排中央预算内投资2亿元和4.71亿元，重点在大田种植、园艺作物、畜禽养殖和水产养殖四个领域，分2批支持57个项目单位开展数字农业建设试点。试点项目在推进地方农业数字化发展方面取得了初步成效，提高了政府和公众对数字农业技术的认知，提升了数字农业技术的集成创新和落地应用，涌现出了几种典型的数字农业发展模式，例如技术模式带动型、行业平台带动型、电商扶贫带动型等。

（二）数字化产品与服务不断丰富

银行业金融机构主要从普惠金融的数字化综合平台、服务模式和业务产品等方面切入，延伸服务半径，拓宽服务渠道。中国建设银行以新一代“裕农通”平台为依托，结合裕农通APP、智能POS、“建行裕农通”微信公众号，构建县域普惠金融服务体系，截至2018年末，已建立9.2万个“裕农通”服务点，服务600多万县域客户，其中裕农通APP模式服务点数量达2.9万，活动率比传统POS模式服务点高出近5个百分点。中国银行推出“科技＋智慧＋载体＋资金”定点扶贫服务模式，建立“银行＋政府＋核心企业＋农户”产业链金融扶贫模式，通过差异化信贷政策鼓励支持现代农业、旅游业等潜力行业。兴业银行“银银平台”整合各类合法合规的财富管理产品下乡，推动解决农村居民“理财难”问题。兰州银行搭建以确权登记为基础，流转交易、抵押贷款为主线的农村产权信息化综合服务平台，探索培育和发展农村产权交易市场，盘活农村存量资产。

新兴互联网金融服务商重点服务“三农”经营性融资需求，开发贴合需求特点的借款产品。中国互联网金融协会调查数据显示，2017年“三农”群体通过样本个体网络借贷机构融资主要用于购置农业原材料与扩大经营，放款金额占比分别为46.87%和37.61%。浙江网商银行借助“数据化产融模式”打通农村经济价值链，联合农业龙头企业，为其上游种养殖户提供产融信贷服务和销售渠道。

（三）数字支付服务覆盖更多群体

支付服务是最基础的普惠金融服务。人民银行积极推动移动支付和网络支付在农村地区应用，鼓励支付机构创新多样化服务方式为小微企业服务。中国互联网金融协会调查结果显示，83.33%的样本非银行支付机构为小微企业提供“支付+硬件服务”，通过“线下+线上”的有效布局，发挥软件和硬件的集合优势，提供更加多元化的支付受理渠道，形成更全面的应用场景覆盖。41.67%的样本非银行支付机构为小微企业提供“支付+资金管理”服务，对现金流进行有效管理、归集和实时精准分析，在此基础上为小微企业提供采购、财务、金融等方面的建议，提高小微企业运营效率，降低运营成本。41.67%的样本非银行支付机构为小微企业提供“支付+营销支持”服务，在对资金流进行处理的同时，帮助小微企业对多场景、多维度用户数据流进行精准分析，对潜在客户进行精准画像，提升小微企业获客转化率。

专栏十七

农业银行创新互联网金融服务“三农”产品

2017年，顺应农业农村进入移动互联时代的新趋势，主动适应市场环境和客户需求的深刻变化，农业银行将互联网金融服务“三农”作为全行的“一号工程”，着力搭建“惠农e通”平台，融合“惠农e贷”网络融资、“惠农e付”支付结算、“惠农e商”农村电商三大服务功能。2018年，农业银行全面提升“一号工程”发展和服务水平，推动“惠农e贷”线上融资由探索试点转为全面推广，不断丰富线上融资产品和服务模式；围绕广大农民小额支付、便民缴费、投资理财等金融服务需求，以农银聚合扫码支付和农户版APP为重点，大力推广“惠农e付”；围绕服务好工业品下乡、农产品进城，进一步优化农业银行“惠农e商”电商金融服务。截至2018年末，农业银行“惠农e贷”余额达到1 018亿元，较年初增加867亿元。“惠农e付”使用场景和支付产品进一步丰富，完成互联网化升级的惠农通服务点达到47.1万个，比上年末增加23.7万个；上线聚合码52.3万个，县域农户版APP推广覆盖农户716万户。“惠农e商”上线商户达267.4万户，较年初增加111.1万户，交易金额达到5 863亿元。

以江苏省分行为例，其研发的“叠石桥e服务”综合金融服务平台取得了良好效果。叠石桥国际家纺市场位于江苏南通海门市，是亚洲第一大家纺专业市场，成交额连续五年超过1 000亿元。针对市场传统经营模式下的商户管理松散、上下游沟通不顺畅、交易流程环节割裂、交易数据信息分散、订单确认与结算费时费力、物流配对不及时、商品展示方式原始等“痛点”，农业银行江苏省分行制定了叠石桥国际家纺市场综合金融服务方案，重点做好两方面金融服务：一是定制开发“叠石桥e服务”APP。联合海门市政府、市场方，整合农行线上支付、POS支付、e收款、在线融资等产品功能优势，为叠石桥市场量身打造“互联网+专业市场”综合金融服务平台，成为江苏省内金融系统中首个针对专业市场开发的综合金融服务平台。二是解决小微企业、商户融资难问题。对市场集群客户整体营销、批量授信、专享授权，对叠石桥家纺产业集群综合授信6亿元，其中小微企业和商户各3亿元，实现了小微信贷服务“零售业务批发做”。截至2018年末，“叠石桥e服务”APP累计注册商户2 420户，完成订单13 130笔，交易金额10.20亿元；已发放贷款186户、4.61亿元。

四、普惠金融的国际合作

人民银行代表中国参加二十国集团（G20）框架下的一系列工作。2016年，中国担任普惠金融全球合作伙伴（GPFI）主席国期间提出“数字普惠金融”的议题，并在当年的G20杭州峰会出台了《G20数字普惠金融高级原则》（以下简称《高级原则》）。在此基础上，GPFI出台了一系列重要文件。

2017年，德国担任GPFI主席国，中国担任共同主席国。为推动《高级原则》落实，使其对各国发展数字普惠金融起到切实的指导作用，GPFI发布了《G20数字普惠金融新兴政策与方法》，旨在促进各国政府采取行动，注重利用数字技术推动普惠金融发展，其中介绍了各国的案例，对一些国家采取的符合《高级原则》精神的做法进行了总结，中国有5项入选。这在一定程度上表明，中国的数字普惠金融经验对国际社会具有较强的借鉴意义。

中国入选的5项经验包括：一是出台互联网金融指导意见；二是分类监管支付账户；三是成立互联网金融行业自律协会；四是完善支付基础设施；五是建立健全征信体系。其他国家入选的经验有英国和美国的监管沙盒、奥地利和卢旺达的监管科技、印度的普惠金融综合平台等。

2018年，阿根廷担任GPFI主席国，中国积极推动和支持GPFI制定出台了《G20普惠金融政策指引：数字化与非正规经济》（以下简称《政策指引》），该政策旨在利用数字化解决非正规经济中个人和中小微企业的金融排斥问题。《政策指引》在发挥数字身份的作用、加强数字支付基础设施建设、征信中替代性数据的使用和金融消费者保护、金融素养以及数据保护等四个方面提出了政策建议。无论是G20还是非G20国家，都可以在充分考虑本国国情的基础上，吸纳《政策指引》提供的一系列政策措施，提升普惠金融发展水平。墨西哥、阿根廷、南非、哥伦比亚、捷克、埃及、伊拉克、约旦、菲律宾、坦桑尼亚和赞比亚等国已经在《政策指引》框架下制定本国的普惠金融政策。

第七部分
农村金融基础设施建设

- 农村支付体系建设
- 农村信用体系建设
- 农业信贷担保体系建设
- 农村地区现金服务

一、农村支付体系建设

农村地区金融供给主体少，基础设施及配套服务相对滞后，是制约农村金融深化的主要因素。建设现代农村支付体系是打破这一制约的重要路径。人民银行按照《关于全面推进深化农村支付服务环境建设的指导意见》（银发〔2014〕235号）等文件的要求，持续推广农村地区非现金支付，深化助农取款服务和农民工银行卡特色服务，促进农村电商发展，推动农村支付服务的可持续发展，夯实农村地区经济社会发展的支付基石，助推脱贫攻坚。

（一）完善农村支付配套政策支持

2017年4月，人民银行办公厅印发《关于修订农村支付服务环境建设业务统计指标的通知》（银办发〔2017〕90号），进一步夯实农村支付领域普惠金融和金融扶贫的数据基础。广东、山西等地人民银行分支机构联合当地人民政府，出台具体工作方案，明确统筹推进农村移动支付产业发展的工作目标和主要任务，推动各类银行业金融机构渠道“下沉”、服务“进村”。

同时，为优化企业开户服务，提升开户审核效率，人民银行印发《关于优化企业开户服务的指导意见》（银发〔2017〕288号），从推广电子渠道预约开户、提高开户审核效率、改进账户许可服务等方面提出15项针对性措施。针对小微企业开通绿色通道，实行“2+2”限时办结制，切实提高小微企业开户效率。目前，小微企业开户时间平均缩短至3天。2018年人民银行印发了《关于试点取消企业银行账户开户许可证核发的通知》（银发〔2018〕125号），自2018年6月11日起在中小企业较多的江苏泰州和浙江台州试点取消企业（含企业法人、非法人企业、个体工商户）银行账户核准，目前企业开户可在1～2个工作日内完成。

（二）加强农村支付服务基础设施建设

一是推动银行结算账户持续增长，基本实现人人有户。落实账户实名制，宣传推广个人和单位银行结算账户。截至2018年末，农村地区个人银行结算账户43.05亿户，人均4.44户；单位银行结算账户2 174.83万户。

二是推动ATM布设不断增加，基本实现乡乡有ATM。通过推动给予政府补贴等方式，重点引导银行机构在乡镇以下地区布放ATM机具，逐步扩大ATM机具网络。截至2018年末，农村地区布放ATM数量为380.45万台，ATM万人拥有数量为3.93台。

三是推动POS机具大量布放，基本实现村村有POS机。通过创建“刷卡无障碍示范区”等形式，推动农村地区结算方式由现金向刷卡支付转变，基本实现POS机的行政村全覆盖。截至2018年末，农村地区POS机数量为715.62万台，POS机万人拥有73.90台。

四是不断巩固并优化农村银行营业网点。鼓励银行机构在经济较为发达的农村地区新增物理营业网点，根据业务需求及自身情况优化调整物理网点的布局。截至2018年末，农村地区银行营业网点12.66万个，逐渐扭转了农村地区银行营业网点撤并收缩的趋势并略有增长。

五是持续推动跨行清算系统向农村地区延伸。截至2018年末，农村地区直接接入人民银行支付系统的银行网点12.29万个，农村地区人民银行支付系统对银行网点接入率（含代理接入）为97.05%，基本实现农村银行网点全覆盖。

（三）升级农村支付服务工具和方式

一是持续推动农村由现金或存折向刷卡方式升级转变。在发卡端，通过营销或借助政府资金代理发放等方式扩大发卡量；在受理端，以景区、商圈、餐饮、批发市场、宾馆、交通等为重点领域，大力布放各类支付结算终端机具和建设电子银行渠道，推动降低银行卡刷卡手续费，促进银行卡使用。截至2018年末，农村地区银行卡数32.08亿张，农村地区银行卡人均持有量3.31张。

二是大力推动电子支付应用。推动银行机构立足物理营业网点，大力营销网上银行、手机银行服务，满足客户通过网络办理各项金融支付业务的需要。截至2018年末，网上银行开通数为6.12亿户、手机银行开通数为6.7亿户。

三是推动非银行支付机构的网络支付服务向农村地区转移。近年来，“银联云闪付”“微信支付”“支付宝”等非银行手机支付品牌相继出现，迅速覆盖广大公众，并加速向农村地区拓展。2018年末，发生非银行支付机构移动支付业务笔数93.87亿笔，金额52.21万亿元。

（四）健全针对特定群体的惠农支付服务体系

一是持续优化银行卡助农取款服务，有效解决偏远地区农民临时取款难问题。并以助农取款服务点为依托，鼓励发展村级电子商务服务。截至2018年末，全国农村地区共设置助农取款服务点达86.49万个，覆盖村级行政区达50万个，村级行政区覆盖率达98.23%。全国有20.61万个银行卡助农服务点加载了村级电子商务服务。

二是持续开展农民工银行卡特色服务，有效解决大量农民工返乡取款难问题。创造性地提出将农信社和邮储银行网络与银联网络连接，为农民工搭建了城市打工赚钱、开卡、存钱、返乡持卡取款的绿色支付通道。截至2018年末，该项业务累计交易9 836.83万笔，金额1 514.07亿元。

三是助力脱贫攻坚，着力解决贫困户基础金融服务供给问题。在贫困村、易地扶贫搬迁居民聚集点，鼓励设立助农取款服务点，实现贫困户在家门口办理取款、汇款、转账等基础金融服务。截至2018年末，贫困地区个人银行结算账户16.92亿户，人均3.61户，人均持卡量2.7张，设立助农取款服务点41.41万个，村均1.52个。

专栏十八

银行卡助农取款服务跨越式发展
消除金融服务空白

近年来，国家陆续出台了各类支农补贴、新型农村社会养老保险、新型农村合作医疗保险等惠农政策，并依托银行卡进行资金发放。但由于大部分农村乡镇位置偏僻、基本金融设施缺乏，给农村居民支取现金带来诸多不便。2010年，人民银行在多个省市试点开展银行卡助农取款服务，即通过银行卡收单机构在农村乡（镇）、村的指定合作商户服务点布放受理终端，向借记卡持卡人提供小额取款和余额查询业务。2011年，在总结试点经验基础上，人民银行将银行卡助农取款服务推向全国。2014年，针对取款业务单一而农民支付需求多样化日益增强的形势，人民银行进一步明确收单机构可以依托银行卡助农取款服务点加载办理现金汇款、转账汇款、代理缴费等基础支付业务，有效解决了农村尤其是村屯居民的汇款、水电煤气费缴纳不便等问题。2015年，提出鼓励村级电子商务服务点、助农取款服务点相互依托建设，实现优势互补、资源整合，提高利用效率。目前约1/4的服务点加载了村级电商功能，如农业银行的“E农管家”、邮储的“邮掌柜”等电商平台与各自的银行卡助农取款服务网络有效融合，共同发展。一些地区、一些收单机构以农民需求为导向，因地制宜，不断探索依托银行卡助农取款服务网络加载社保、生活服务、金融知识宣传教育等其他服务功能，进一步发挥了网络价值。

经过八年多的实践，银行卡助农取款服务点数量实现跨越式发展，快速消除了金融服务空白行政村，基本实现行政村全覆盖。截至2018年末，全国共设置银行卡助农取款服务点86.49万个，覆盖村级行政区50万个，村级行政区覆盖率98.23%，村均1.63个。2018年农村地区助农取款服务点共办理支付业务（包括取款、汇款、代理缴费）合计4.63亿笔，金额3 618.69亿元；其中，取款业务2.46亿笔，金额1 288.18亿元。

银行卡助农取款服务不仅实现了农民群众足不出村取款、汇款和代理缴费，解决了长期以来偏远地区农民往返银行网点路远花费高等问题，同时也为农村电商、社保、金融知识普及宣传、反假币、快递收发等其他业务功能提供了载体，促进了新农保等国家支农惠农政策的落实，有力提升了党和政府在老百姓心中的形象。据统计，2010—2018年，新农保（现已更名为城乡居民基本养老保险）通过银行卡等非现金支付方式发放给农民的笔数和金额分别达到281.68亿笔和1.9万亿元，惠及数亿农民。

二、农村信用体系建设

农村信用体系建设是推动地方信用体系建设的重要组成部分，也是一项长期重点工程。近年来，人民银行积极推动与地方政府和金融机构的合作，为尚未获得贷款支持的农户建立信用档案，开展“信用户”“信用村”“信用乡镇”评定，缓解信息不对称问题，构建以信用为基础的正向激励机制，引导金融机构发放免抵押、免担保的信用贷款，将信用建设、信用意识、信用支持有机结合，让信用体系建设的大政方针在基层落地。同时，持续推进征信系统、动产融资统一登记系统、应收账款融资服务平台等金融基础设施建设，支持涉农融资和农村信用体系建设。

（一）征信系统支持农村信用体系建设

国家金融信用信息基础数据库（又称征信系统）是我国重要的金融基础设施，通过采集、整理、保存、加工企业和个人的基本信息、信贷信息及反映其信用状况的其他信息，依法向放贷机构、社会公众提供信用报告查询等征信服务。近年来，征信系统在支持农村信用体系建设方面发挥了重要作用。

一是为促进农村金融发展提供信息支持。截至2018年末，征信系统已经收录了9.8亿自然人、2 582.8万户企业及其他组织的信用信息，其中办理过农户贷款的自然人9 467.5万人、办理过农林牧渔类信贷业务的农村企业及其他组织56.6万户。征信系统通过建立有效的信用信息记录和传播机制，在放贷机构间共享涉农企业和个人信息主体（以下简称涉农主体）的信用信息，有效缓解了信息不对称，为防范农村信贷风险提供了支持，同时帮助没有信贷记录的涉农主体获得融资机会、积累信用财富、进入正规金融体系，促进我国农村金融的发展。

二是助力涉农放贷机构健康发展。截至2018年末，征信系统已基本覆盖农村商业银行、农村合作银行、农村信用社、村镇银行、小额贷款公司、融资性担保公司等主要涉农放贷机构类型，支持通过金融专网直接接入、省级平台接入、互联网接入等多种方式接入征信系统，收集各类涉农信贷信息，并提供信用信息查询服务。涉农放贷机构在其信用风险管理等活动中广泛使用征信系统，有效提高了信贷审批效率，强化了风险管理能力，降低了经营成本和风险，促进了健康有序发展。

三是促进农村信用环境改善。近年来，中国人民银行征信中心通过提供多种信用报告查询渠道、完善异议处理、客服电话咨询服务等措施，为涉农主体提供信用报告查询服务，帮助其了解自身信用记录。涉农主体日益关注自身信用状况，信用行为不断改善，信用意识日益提高。征信系统的深入应用，使拥有良好信用记录的涉农主体在融资方面获得了公平、便利的发展环境；使拥有不良记录的涉农主体在享受金融服务等方面受到限制或付出更高的成本而受到惩戒。农村地区“守信激励、失信惩戒”的激励约束作用日益显现，农村信用环境得到了有效改善。

（二）动产融资统一登记公示系统支持涉农融资

2007年10月，中国人民银行征信中心建成应收账款质押登记公示系统，通过互联网对外提供服务。根据业界需求，逐步拓展服务范围，建成动产融资统一登记公示系统（以下简称登记系统），提供应收账款质押和转让、融资租赁、保证金质押、存货和仓单质押等多种登记与查询服务，有效解决农户和涉农企业不动产资源有限、担保品不足的问题，盘活农户和涉农企业动产资源。

截至2018年末，登记系统已注册全国性银行、农村信用社、村镇银行等各类登记用户近2.2万家，五年间登记量年平均增长率为16.5%，累计提供查询2 030.2万笔，出具查询证明186万笔，质权人为涉农金融机构的应收账款质押和转让登记8.2万笔，存货与仓单质押等其他登记7 272笔，涉及农林牧渔行业企业的各类登记累计近3.1万笔，其中应收账款质押和转让登记2.3万笔，融资租赁登记5 353笔。

（三）应收账款融资服务平台支持涉农主体创新融资模式

为缓解应收账款融资中信息不对称、账款确认难、通知难等关键问题，促进应收账款融资业务发展，助力缓解中小微企业融资难问题，中国人民银行征信中心于2013年底组织建设了服务于应收账款融资的全国性电子化信息服务平台——应收账款融资服务平台。该平台定位于金融基础设施，通过在线确认账款、融资需求传递、应收账款质押/转让通知发送等核心功能，为银企之间搭建了信息沟通的桥梁。自2016年以来，顺应应收账款融资线上化发展的市场趋势，中国人民银行征信中心着重推动平台与供应链核心企业、商业银行进行系统对接，通过应收账款数据的自动化、实时传输，助力提升供应链融资业务的开展效率。

截至2018年末，平台已累计注册用户超过16.6万家，覆盖全国31个省（自治区、直辖市），累计促成应收账款融资15.2万笔，融资金额逾8.4万亿元。以农户为主的个人用户累计注册1.6万个，涉农企业（农、林、牧、渔）7 487家，累计促成涉农应收账款融资2.3万余笔，融资金额1 930.8亿元。

专栏十九

应收账款融资服务平台助力温州铁皮石斛供应链融资

浙江省温州乐清市拥有铁皮石斛企业近300家，从业人员5万人，总产值超过26亿元，铁皮石斛种植基地面积达1.2万多亩，是全国规模最大的铁皮石斛人工栽培与产品初加工生产种植基地。从事石斛培育、加工的小微企业和个体农户大都面临着成品销售后结算周期长、资金周转压力大等问题。经多方调研，乐清农商行依托应收账款融资服务平台推出铁皮石斛供应链应收账款质押贷款业务。

乐清农商行结合铁皮石斛各个环节的净收益流量、经营周期等特点确定各个环节的授信额度及期限，农户将未来销售铁皮石斛产生的收入作为应收账款，通过平台上传，经过买方核心企业在线确认后，向乐清农商行在线推送融资需求，当天即可拿到贷款，大大提高了放贷效率，及时满足农户生产经营融资需求。

此外，乐清农商行还可向当地人民银行申请支农再贷款，并将部分再贷款资金专项用于发放个人应收账款质押贷款，执行5.75%的优惠利率，比全市农户贷款平均利率低2.26个百分点。这种融资模式不仅缓解了农户融资难题，助力农户脱贫致富，而且因贷款利率低、贷款投向明确，赢得了农户广泛认可。

通过三方合作，石斛产业链中的核心企业将能制订更周密的资金调度计划，在缓解自身压力的同时也能和供应方形成更稳定的合作关系；农户不用再担心货款拖欠，更加专注提升产品的质量；银行采用“银行+核心企业+产业信用村+信用农户”的模式深入经营链条，通过与核心企业加强合作而开拓了多家小微企业和个体农户，不仅培育了潜在客户群体，而且更有效地实现了集中控制风险。截至2018年末，乐清市铁皮石斛完成核心企业注册用户2户，供应商户注册用户224户，通过平台推送融资需求220笔，达成融资1 280万元。

铁皮石斛供应链应收账款贷款先行先试，为其他特色农业产业链提供了有效模板，可纵深向花卉苗木特色产业、蒲瓜梨特色果蔬产业、茶叶产业等推广“核心企业+农户”的在线供应链融资业务。截至2018年末，平台上已有涉农供应链核心企业122家，促成融资7 846笔，融资金额达222.8亿元。

三、农业信贷担保体系建设

财政部、农业部印发的《关于调整完善农业三项补贴政策的指导意见》（财农〔2015〕31号）提出，“在全国范围内调整20%的农资综合补贴资金用于支持粮食适度规模经营，重点支持建立完善农业信贷担保体系”。《关于财政支持建立农业信贷担保体系的指导意见》（财农〔2015〕121号）提出拟用3年左右时间建立健全政策性强、专注现代农业发展、覆盖全国的农业信贷担保体系。2017年5月，财政部、农业部、银监会出台了《关于做好全国农业信贷担保工作的通知》（财农〔2017〕40号）文件，进一步突出农担体系专注农业和专注适度规模经营的职能定位，明确对农担体系业务实行业务范围和担保额度“双控”管理，农担政策框架基本搭建。

目前，国家农业信贷担保联盟有限责任公司（以下简称国家农担公司）和29个省、自治区、直辖市以及4个计划单列市农担公司全部注册成立，全国农担工作进入向市县延伸机构和业务拓展的关键阶段，农业信贷担保规模稳步扩大，政策效果逐步显现。截至2018年末，全国农业信贷新增担保项目32万个，新增担保额1 144.2亿元。其中，2018年新增担保项目19.19万个，新增担保金额640.6亿元；在保项目21.27万个，在保余额684.7亿元。国家农担公司累计审批再担保项目8.5万个，金额441.44亿元，推进了省级农担公司业务开展。

专栏二十

银担合作推出“涉农贷” 贷来“茶叶香”

益阳资江缘茶业有限公司（以下简称益阳茶业）拥有自有茶园和合作茶园基地1 000余亩，年茶产量达3 000多吨。2018年来，公司流动性资金短缺，缺乏有效的抵押增信担保措施，生产投入的扩大导致资金缺口较大，经营举步维艰。

2018年，中国银行与湖南省农业信贷担保有限公司合作推出“涉农贷”，由湖南省农业信贷担保有限公司提供连带责任担保，有效缓解了益阳茶业的融资难题。

一是精准聚焦服务对象。中国银行通过市场调研与政府推荐，确定了一批有融资需求的涉农企业和合作社名单，通过实地调研企业生产经营状况、认真评估发展前景后，认为该企业符合“涉农贷”发放条件。二是主动降低贷款利率。向该企业发放贷款150万元，贷款利率5.17%，低于全市银行同期同档次贷款平均利率2.05个百分点，且不收取担保保证金，为企业节约财务成本近3万元。三是创新金融服务方式。以担保公司担保方式对企业发放贷款，及时解决了企业资金短缺的问题。

益阳茶业有限公司获得贷款后，立即购买了新树苗，扩大了茶树种植面积。目前，企业经营稳定，同时联动营销代发薪、信用卡等金融产品，为银行带来了可观的业务收益，实现了银企互利共赢。

四、农村地区现金服务

长期以来，人民银行不断加强农村地区现金服务工作，有效开展农村地区反假币工作，改善农村地区人民币流通环境，更好地满足农村地区群众现金服务需求。

（一）强化制度建设，提高现金服务水平

一是积极畅通农村地区现金服务渠道。人民银行分支机构充分发挥农村助农取款点点多面广、辐射农村的优势，将其改造升级为农村现金服务点，供应、回收两手抓，因地制宜开展现金服务工作。如人民银行重庆营业管理部在全辖开展“万村千乡现金服务工程”，组织涉农银行业金融机构深入广大农村地区建立现金服务点，通过开辟绿色通道、上门服务等方式为现金服务点提供小面额新钞，由现金服务点为周边群众提供零钞兑换服务。二是在山东、四川、西藏等地县域银行业金融机构试点发行基金多元化存储模式，有效增强当地银行业金融机构服务农村的积极性，降低农村地区现金服务成本。三是深入开展农村地区硬币自循环工作，唤醒农村地区沉睡的硬币。

（二）完善机制，有效提升农村地区流通中人民币整洁度

一是优先向农村地区投放原封新券。督促、指导承办银行业金融机构建立健全原封新券配送机制和不宜流通人民币回收机制，通过以新换旧、新币找零方式，及时回笼助

农取款点收存的不宜流通人民币，提高农村地区人民币整洁度。二是针对农村群众兑换残损人民币难、残损人民币在银行体系外循环的问题，人民银行各分支机构充分利用在农村区域建立的现金服务点，大力开展爱护人民币宣传和残损币兑换回收服务，推动涉农金融机构不定期下乡入村开展残损币兑换活动、上门收兑现金服务点兑换的残损币，建立农村地区残损人民币回收网络，让农村群众用上“干净钱”。

（三）着力构建农村地区反假货币工作长效机制

一是将农村地区反假货币工作站（点）建设与农村普惠金融服务相结合，引导对口支持的主办银行业金融机构和网点为每个站点提供反假货币宣传资料，培训义务宣传员，提供人民币真伪识别服务，配备点验钞机具，做好农村地区反假货币工作。二是深入推进农村反假货币宣传工作。每年9月在全国范围开展反假货币宣传月活动，把农村乡镇、城乡结合部、农贸市场和偏远农牧区作为反假货币重点宣传区域，采取张贴宣传海报、散发漫画彩页、发放《人民币知识宣传手册》、讲解假币犯罪案例以及真假样币展示等方式，增强农村地区居民识假、防假意识和能力，初步建立了农村地区反假货币工作长效机制。

第八部分 农村金融主要问题与进一步发展思路

- “三农”领域面临的硬任务
- 当前农村金融服务的主要短板
- 进一步改善农村金融服务的思路

一、“三农”领域面临的硬任务

近年来，农业农村经济平稳运行，乡村振兴战略开局良好。2018年我国粮食总产量达到13 158亿斤，连续7年稳定在1.2万亿斤以上。农民收入持续较快增长，农村居民人均可支配收入14 617元，扣除价格因素实际增长6.6%，增速继续高于城镇居民收入。农业农村稳中向好，为经济社会持续健康发展提供了有力支撑。同时，还要看到，全面建成小康社会最艰巨最繁重的任务仍然是在农业农村，做好“三农”工作对有效应对各种风险挑战、确保经济持续健康发展和社会大局稳定具有重大意义。必须集中力量攻坚，确保以下“硬任务”顺利完成。

一是打赢脱贫攻坚战，到2020年确保现行标准下农村贫困人口实现脱贫、贫困县全部摘帽、解决区域性整体贫困。这是全面建成小康社会最大的硬任务，是重中之重、急中之急。

二是抓好粮食生产。手中有粮，心中不慌，也是应对经济下行压力加大、各种不确定风险增加的压舱石。要毫不放松抓好粮食生产，稳面积、稳产量、稳政策，全面落实永久基本农田的特殊保护制度，巩固和提高粮食生产能力。

三是增加农民收入。到2020年，农民人均收入比2010年翻一番，这是全面建成小康社会的硬指标。

四是改善农村人居环境。这是实施乡村振兴战略的重点任务，确保到2020年实现农村人居环境阶段性明显改善，村庄环境基本干净整洁有序，村民环境与健康意识普遍增强。

五是补齐农村基础设施和公共服务短板。推进农村饮水、用电、道路、宽带等基础设施建设。全面提升农村教育、医疗卫生、社会保障、养老、文化体育等公共服务水平，加快推进城乡基本公共服务均等化。

二、当前农村金融服务的主要短板

近年来在党中央、国务院的正确领导下，金融系统深入推进体制机制和产品服务创新，持续加大农村金融资源投入，金融服务的覆盖面、便利性、可得性持续改善。同时，也应该看到，还存在一些深层次体制机制问题制约农村金融发展，农村金融供需矛盾依然突出。对照乡村振兴战略和金融供给侧结构性改革的要求，农村金融服务改革创新的任务仍然艰巨。

（一）农村金融市场需进一步深化

近年来，我国金融市场创新不断涌现，金融机构、组织和产品不断丰富，金融深化进程加快，而农村和县域金融深化程度相对滞后，这主要表现在立足社区、特色鲜明的中小金融机构培育不够。近年来我国农村信用社、村镇银行等中小金融机构发展较快，但由于内部治理不完善、外部监管不到位、激励银行坚守服务社区定位的政策体系尚不完善等原因，部分机构出现偏离服务社区、支农支小定位，脱农向城、脱实向虚的现象。同时，由于对农村中小金融机构的准入和退出控制仍较为严格，外部竞争性激励和约束不足，是农村金融深化不够的另一原因。

从全球看，非正规金融仍是多层次农村金融服务体系的组成部分，可以对解决农户和小微企业融资难融资贵问题发挥积极作用，弥补正规金融的短板和不足。但我国对小额贷款公司、融资性担保公司、新型合作金融组织等的积极作用重视不够，缺乏清晰的发展战略和监管规则，政策支持难以覆盖，自身能力建设不足。近年来以互联网金融发展为代表的新型数字金融发展较快，但存在良莠不齐、市场秩序混乱问题。

（二）农村金融风险管理水平有待提高

目前，农村金融领域主要沿用传统的授信模式和风控手段，制约了农村金融整体风险控制水平的提升。农村和县域的财产权利抵押登记、评估、流转等金融基础设施明显不足，服务“三农”的融资担保机制存在合作机制不完善、资本补充不畅、抵押物处置难等问题；还存在农户对农业保险认识不足、保险机构服务能力不足、保障程度较低、大灾风险分散机制不健全等问题。

此外，农村金融领域存在的监管空白相对更为严重。一些机构借农村金融、普惠金融之名，行影子银行甚至非法金融之实，县域和农村对金融消费者合法权益的保护力度还不够。

（三）外部环境变化对农村金融服务和监管形成考验

当前，农村金融体系的外部环境和内部构成发生了很大变化。从需求端看，农村产业结构的变化正在引发金融服务结构性升级。近年来，我国持续加大强农惠农富农政策力度，农业供给侧结构性改革不断深化，粮食生产能力跨上新台阶，农民收入持续增长，农村民生全面改善。农村一二三产业融合发展，出现规模经营的家庭农场、设施农业、标准农业，不能再简单地把小农户生产方式作为主要服务对象，应鼓励通过竞争创新满足乡村基础设施、产业设施建设和消费等各个层次的金融需求。

从供给端看，金融科技正在重塑农村金融竞争格局和风险特征。随着智能手机和移动银行应用的发展、农村金融基础设施不断完善、数字征信和支付手段的便利化，使农村金融服务的成本明显下降，覆盖面得以大大提升。

需求和供给两端的变化，正在系统性改变传统农村金融全局面貌，农村金融机构体系和产品结构都在发生深刻变化，也对农村金融服务和监管能力形成考验。如新型农业经营主体、新型抵押担保模式考验金融机构的风险定价能力；城乡融合、产业融合发展考验金融机构交叉创新性业务能力；数字技术对传统商业模式形成冲击，也带来“数字鸿沟”等新问题，既考验金融机构的应变能力，也考验监管部门的监管能力。

三、进一步改善农村金融服务的思路

当前和今后一个时期，要以习近平新时代中国特色社会主义思想为指导，紧紧围绕乡村振兴和金融供给侧结构性改革的总体部署，坚持以市场化运作为导向、以机构改革为动力、以政策扶持为引导、以防控风险为底线，深化改革创新，建立完善金融服务乡村振兴的市场体系、组织体系和产品体系，更好满足乡村振兴多样化、多层次的金融需求，推动城乡融合发展。

（一）推进市场化改革，构建更具竞争性的农村金融体系

按照放宽准入、深化改革、健全风险防控机制的原则，可考虑以社区银行为突破点，适当放开准入，吸引民间资本进入。坚持权利平等、机会平等、规则平等，为各类

农村金融市场主体下沉服务创造公平的市场环境。积极探索农村信用社省联社改革路径，突出专业化服务功能。强化农村信用社的独立法人地位，完善公司治理机制，保障股东权利。推动“非存款类放贷组织条例”出台，规范发展小贷公司等非存款类放贷组织，积极发挥其服务乡村振兴的有益补充作用。鼓励有条件的地区发展消费金融公司、金融租赁公司等新型业态，满足农村多元化金融需求。

（二）完善农村金融监管，提升监管质效

关键在于落实监管责任。一是明确中央和地方金融监管部门的监管职责。发挥存款保险制度的及时矫正和风险处置功能，加强早期纠正的信息共享和监管合作，促进监管质量和效率的提升。二是加强监管能力建设，强化监管专业性，提高监管效率。三是形成中央、地方金融监管的合理有效分工，完善金融监管协调机制，避免监管空白。

（三）聚焦重点领域，强化金融产品和服务创新

围绕脱贫攻坚、粮食安全、绿色农业、一二三产业融合等乡村振兴重点领域，强化金融产品和服务方式创新。鼓励银行业金融机构在商业可持续的基础上简化贷款审批流程，合理确定贷款的额度、利率和期限，鼓励开展与农业生产经营周期相匹配的流动资金贷款和中长期贷款等业务。积极稳妥推广农村承包土地的经营权抵押贷款业务，推动集体经营性建设用地使用权、集体资产股份等依法合规予以抵押。推动厂房和大型农机具抵押、活体畜禽抵押、动产质押、仓单和应收账款质押、农业保单融资等信贷业务，形成全方位、多元化的农村资产抵（质）押融资模式。探索建立农业补贴、涉农信贷、农产品期货（权）和农业保险联动机制，形成金融支农综合体系。鼓励银行业金融机构加快创新“三农”绿色金融产品和服务，通过发行绿色金融债券等方式，筹集资金用于支持污染防治、清洁能源、节水、生态保护、绿色农业等绿色领域，助力打好污染防治攻坚战。

（四）完善配套支持政策，激发金融机构内生动力

改进政策设计思路，构建有利于发挥市场作用的政策环境。进一步优化、细化货币、财税、监管的正向激励措施，从“补差补机构”转向“奖优奖业务”，增加普适

性、功能性、竞争性政策支持，增强金融机构按照市场公平竞争规则改善涉农、小微金融服务的内生动力。继续推动农业保险“扩面、提标、增品”，完善保费补贴机制和再保险体系。健全农业信贷担保体系，推动农业信贷担保服务网络向市县延伸，充分发挥国家融资担保基金作用，引导更多金融资源支持乡村振兴。鼓励地方政府完善农村产权登记、评估、流转等机制，积极推进农村信用体系建设，创新农村经营主体信用评价模式。强化部门间信息互联互通，推行守信联合激励和失信联合惩戒机制，不断提高农村地区各类经济主体的信用意识，优化农村金融生态环境。

（五）充分依靠数字技术，形成优势互补的良好态势

继续依靠数字技术缓解农村金融服务成本高、信息不对称的难题。鼓励商业银行合理规划，优化布局，统筹实体和数字两种方式下沉服务，以适当的物理网点弥补“数字鸿沟”不足。加强数字普惠金融领域的金融标准建设。规范互联网金融在农村地区的发展，积极运用金融科技等手段，提高涉农信贷风险的识别、监控、预警和处置水平。同时要加强数字普惠金融知识宣传普及，提升消费者数字金融素养和防风险能力。

跋

《中华人民共和国中国人民银行法》规定，中国人民银行在国务院领导下承担制定和执行货币政策、维护金融稳定、提供金融服务三大职能。作为法律赋予的重要职责之一，中国人民银行金融服务工作是全社会金融服务工作的基础性环节，与制定和执行货币政策、维护金融稳定处于同等重要的地位。

为提高工作透明度，中国人民银行决定，从2006年开始出版发行《中国人民银行金融服务报告》。《中国人民银行金融服务报告》将全面介绍中国人民银行提供的支付结算、反洗钱、国库、征信、货币发行、金融统计、金融法律建设、科技等金融服务，以及有关专题研究成果，希望进一步增进社会各界对中国人民银行金融服务及有关工作的了解、支持和参与。

《中国人民银行金融服务报告》是一个系列报告，由中国人民银行研究局会同办公厅负责《中国人民银行金融服务报告》的总体协调工作，有关司局负责撰写，原则上每年出版四期，每期突出一个主题。敬请广大读者批评指正。